Hermann-Joseph Löhr

„Ein Stück Himmel aus Stein"

Historische Wallfahrtsstätten, Pfarrkirchen und Kapellen-geheimnisse zwischen Sieg und Wied sowie am Unteren Mittelrhein in drei Bänden.

Band I

Die 32 schönsten historischen Wallfahrtsstätten zwischen Sieg, Wied und am Unteren Mittelrhein.

Fotos: Heinz-Werner Lamberz

Herausgeber: Verlag Media World GmbH, Asbach

Herausgeber:
Verlag Media World GmbH, 53567 Asbach

Autor:
Hermann-Joseph Löhr, 53547 Breitscheid-Hochscheid

Fotonachweis:
Creativ Picture, Heinz-Werner Lamberz,
Rheinbreitbach

Gestaltung/Layout:
freilicht-de.sign, Sonja Cochem-Bellinghausen,
53639 Königswinter

Gesamtherstellung:
Bert & Jörg Rahm Drucktechnik, 53567 Asbach

ISBN 978-3-9813291-0-0
1. Auflage

Inhalt

5

MARIA
HAT GEHOLFEN
1978
Danke
1997

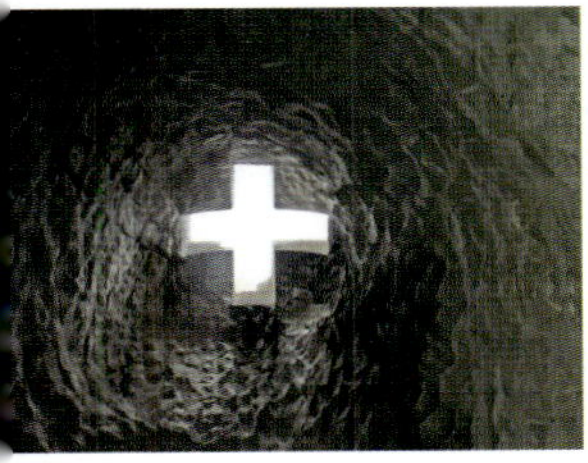

[1] 1139 werden als erste Eberhard I. von Sayn und Heinrich I. von Sayn erwähnt. Die beiden Brüder belagerten die Grafschaft Bonn und besiegten Albert von Molbach. 1147 stand Graf Heinrich I. von Sayn unter König Konrad im Reichsdienst. Zwischen den Jahren 1150 und 1181 wurde ihre Burg Blankenberg erbaut. Die Befestigung über der Sieg versetzte die Grafen von Sayn in die Lage, die Zugänge zum Siegtal und ins Bergische Land sowie in den Westerwald zu beherrschen.

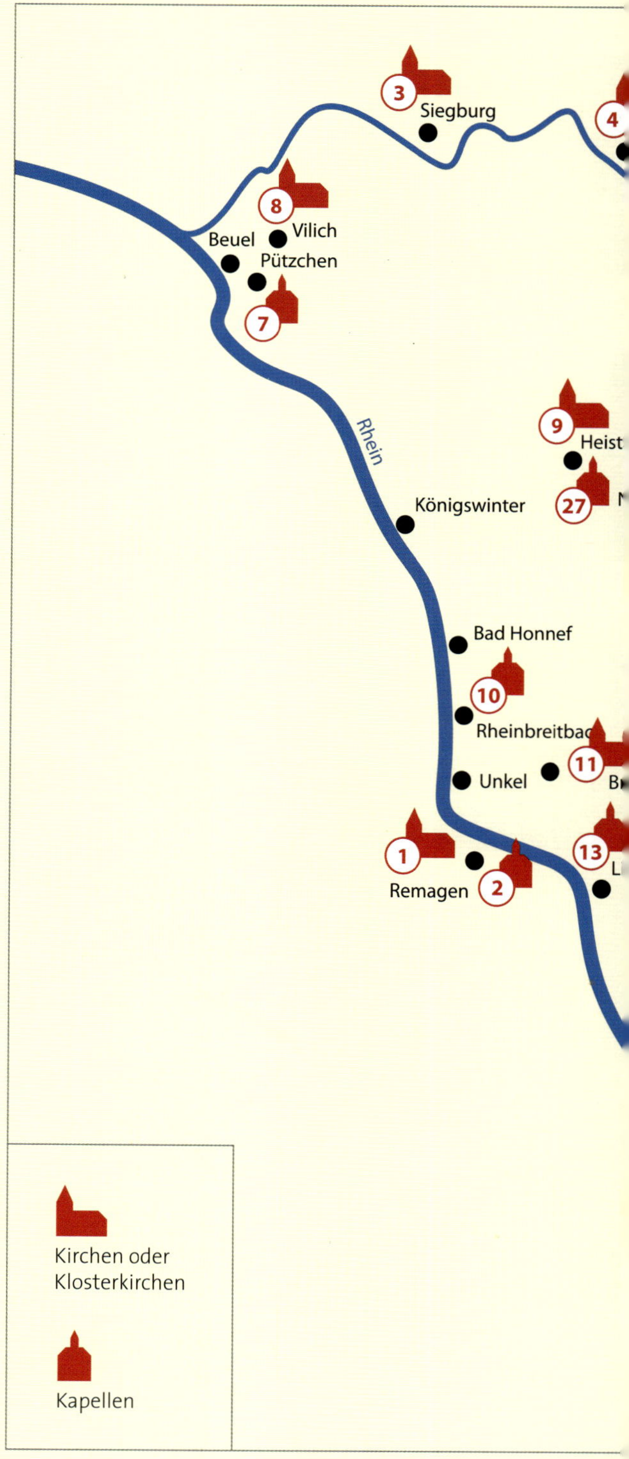

Übersichtskarte

Die 32 schönsten historischen Wallfahrts- und Pilgerstätten zwischen Sieg, Wied und am Unteren Mittelrhein.

6
Sieg
Merten
Süchterscheid
5
31
Birnbach
Altenkirchen
30
Almersbach
Niedermühlen
23
24
Wied
Asbach
Flammersfeld
Krankel
26
Ehrenstein
25
Neustadt
Peterslahr
29
19
Verscheid
21
Kreuzkapelle
18
Waldbreitbach
Dierdorf
20
Fockenbach
Hausen
28
22
Niederbreitbach
17
Bürder
15
Melsbach
16
Isenburg
14
Leutesdorf
Gladbach
32
Neuwied

1

Der Buchdreiteiler schildert die schönsten Kirchen zwischen Sieg, Wied und am Unteren Mittelrhein

IN DREI BÄNDEN – BAND I

1. EINLEITUNG Historische Wallfahrtsstätten, Pfarrkirchen und Kapellengeheimnisse zwischen Sieg und Wied sowie am Unteren Mittelrhein.

1. 1 WARUM DREI BÄNDE FÜR DIE KAPELLEN UND KIRCHEN ENTLANG DER FLÜSSE SIEG, WIED UND MITTELRHEIN?

Bild oben:
Die Albertuskapelle in Wolfenacker, Die eigentlichen Kleinode dieser Kapelle sind der Altarchristus und die Marienfahne. Sie stammen aus der Lagerkapelle im Offlag 401 Mulsanne/Sarthe in Frankreich. Sie zu bergen und für sie eine würdige Stätte zu errichten waren der eigentliche Grund für den Bau der Albertuskapelle im Jahr 1982. Foto und Quelle: www.salzkoerner.de

Der Historiker, der sich im Kreis Neuwied beispielsweise mit der Geschichte der Kirche von Niederbreitbach (Wiedtal) auseinander setzt, stößt spätestens bei den Gemarkungsbezeichnungen „Rheindorfer Hof" in Niederbreitbach-Wolfenacker auf den selben wiedischen Grafen Arnold II., Reichskanzler und Erzbischof von Köln wie ein Heimatforscher, der sich im benachbarten Rhein-Sieg-Kreis mit der Geschichte der dortigen Nikolauskapelle in Heisterbacherrott befasst. Oder der Heimatforscher, der sich im Kreis Altenkirchen der Geschichte der alten Gotteshäuser der Dörfer Mehren, Almersbach oder Weyerbusch nähert, steckt mittendrin in der Geschichte des Grafenhauses zu Wied (Neuwied-Runkel).
Die markanteste Baulichkeit und das älteste noch erhaltene Gebäude in Almersbach ist die 1199 zum ersten Mal urkundlich erwähnte Kirche im „Kirchspielort Almersbach". Der Gemeinde wurde am 07. Februar 1357 von Kaiser Karl IV. das Stadtrecht verliehen. Die Urkunde hierüber befi ndet sich im „Fürstlich Wiedischen Archiv zu Neuwied". Ein Buch, das versucht, die schönsten Kirchen zwischen Sieg, Wied und dem unteren Mittelrhein in ihrer historischen Entwicklung darzustellen, stößt zwangsläufig immer wieder auf die Geschichte des Grafenhauses zu Wied, sei es im 12. oder im 16. Jahrhundert. Der Heimatforscher stößt aber auch auf das Bonner Kloster St. Cassius oder das Koblenzer Kloster St. Florin. Dem Bonner Kloster, Stift St. Cassius wird im Kreis Altenkir-

Bild oben:
Die Ev. Kirche in Birnbach wird bald 900 Jahre alt.

chen schon für das Jahr 1131 Hof und Kirche und der ganze Zehnt zu Birnbach bestätigt. Die Bürger der Gemeinde Birnbach können daher ihre Ortsgeschichte zurückverfolgen bis zu einer Urkunde, unterzeichnet im Jahr 1131 n. Chr. von Papst Innozenz II., (Papst von 1130 bis 1143). Das Birnbacher Kirchenhaus wird bald 900 Jahre alt! Was aber war geschehen, dass Graf Adolf von Sayn-Hachenburg 1561 als Landesherr das lutherische Bekenntnis in Birnbach einführen und die alte Kirche des Bonner Klosters einer neuen Religion übergeben konnte?
Kirchlicher Besitz in seinem Territorium ging im 16. Jh. an die Protestanten über. Die Flüsse Wied und Sieg im Kreis Altenkirchen waren natürliche Wegelinien für die mittelalterliche Besiedlung. Des Wassers wegen entstanden die Orte am Fluss, an ihm wurden daher auch die frühen Kirchen errichtet. Die im Laufe des frühen Mittelalters zunehmend mächtiger gewordenen Bischöfe der Erzbistümer Köln, Mainz und Trier, die zugleich Landesherren der Kurfürstentümer Köln, Mainz und Trier waren, bestimmten nachhaltig und maßgeblich die Entwicklung der Region zwischen Sieg und Wied und rechts des unteren Mittelrheins.

Sie sicherten sich ihre Macht mithilfe der Errichtung von Klöstern. Diese wurden von den Bischöfen, da sie Landesherr waren, reichhaltig mit Land begütert. So wuchs über die Landzuteilung an die Klöster der Einfluss der Bischöfe weit ins wiedische und Altenkirchner Land, ohne dass die Erzbischöfe hätten Soldaten aussenden müssen. Als der weltliche Adel mit dem Bau von Burgen ab dem 11. Jh. begann, baute sich eine territoriale Macht unterhalb der Lehensvergabe durch den deutschen König auf. Sie kamen jedoch nicht an den Erzbischöfen vorbei, mussten also Lehnsherr des jeweiligen Bischofs werden. Im Kapitel „Der wahre Kaiser ist der Papst“ schildert Johannes Fried[1] eindrucksvoll, wie die institutionelle Kirche im 11. Jh. jene Gestalt annahm, die von ihr dann weitere 1.000 Jahre bewahrt wurde. So wie es also dem Papst gelang, den jeweiligen deutschen König bis zum 14. Jh. zum Vogt der Kirche zu stufen, so sahen sich auch die Erzbischöfe stets als über dem weltlichen Adel stehend an.

1. 2 Das Buch überspringt die Kreisgrenzen

Wer sich mit der Geschichte der alten Gotteshäuser entlang der Flüsse Sieg und Wied sowie am unteren Mittelrhein in den Kreisen Altenkirchen, Neuwied und Siegburg auseinandersetzt, wird nicht umhin können anzuerkennen, dass die heutigen politischen Grenzen nicht die Richtschnur der Geschichtsdarstellung sein können. Im 5. Jh. n. Chr. kam es zur Verdrängung der römischen Vorherrschaft auch im Gebiet des heutigen Rhein-Sieg-Kreises und des Kreises Neuwied. Fränkische Stämme siedelten, von Belgien und Luxemburg her kommend am Rhein. Der Rhein verlor somit im frühen Mittelalter durch die Landnahme der Franken links und rechts des Rheins seine alte Funktion als Grenzstrom aus der Zeit des römischen Reiches gegen die Bewohner Mitteleuropas. Nach und nach gründeten die Franken und assimilierte Bewohner rechtsrheinisch neue Dörfer, vorerst da, wo schon behauene Steine oder Grenzbauernhöfe der Offiziere der Limestruppen aus der römischen

[1] *Fried, Johannes: „Das Mittelalter – Geschichte und Kultur“, München 2009; S. 164 ff.*

Zeit vorhanden waren. Wo keine Steine zur Verfügung standen, wurden die Häuser mit Holz gebaut. Bekannt sind die Eroberungen der fränkischen Truppen zurzeit Kaiser Karl d. Gr. in Richtung Osten. Alles Land gehörte dem fränkischen König. Für die Verwaltungszonen des Reiches durch die obersten Lehnsherren gab es im fränkischen Reich die Bezeichnungen Gau oder Grafschaft. Dokumente schon aus dem 8. Jh. ordnen Teile des heutigen Kreises Neuwied dem rechtsrheinisch gelegenen „Engersgau" zu. Der „Engersgau" grenzte in seinem Norden an der Wasserscheide zwischen Sieg und Wied an den „Auelgau" (Sieg-Kreis). Die Wasserscheide bildete der Kasbach bei Linz. Vom Kasbach aus folgte die Gaugrenze bis zur Wiedquelle[2] in Linden. Die Gaugrenze zwischen Auel- und „Engersgau" orientierte sich am Gelbach[3] und folgte diesem Bach bis zur Mündung in die Lahn bei Langenau. Lahn und Rhein umschlossen den „Engersgau" nach Süden und Westen. Im Engersgau am unteren Mittelrhein stellten im 10. Jh. die Konradiner den Verwaltungsgrafen. Den Konradinern[4] folgten die Ezzonen[5] mit der Kontrolle über die wichtigsten rechts- und linksrheinischen Verkehrswege des fränkischen Reiches. Die sehr alte Burg Hammerstein (10. Jh.) am unteren Mittelrhein (Oberhammerstein) diente wohl den Grafen des Engersgaues[6] als Stützpunkt. Ur-

Bild oben:
Die Ruine der Burg Hammerstein ist frei zu besichtigen und hält einen traumhaften Blick ins Rheintal bereit.

[2] *Die Wied entspringt am Ortsrand von Linden. Sie durchfließt auf ihrem Weg zum Rhein den Dreifelderweiher, die Kreise Westerwald, Altenkirchen und Neuwied. Von der Quelle bis zur Mündung bei Irlich legt der Fluss etwa 100 km zurück. Holzbach, Rothenbach, Mehrbach oder Fockenbach münden in die Wied.*

[3] *Der Gelbach entspringt nahe Montabaur (Zusammenfluss von Aubach und des Niederelberter Bach) und mündet bei Obernhof in die Lahn.*

[4] *Der Name Konradiner ist ein Sammelbegriff für ein fränkisches Familiengeschlecht des 8. bis 11. Jh. Ursprünglich stammte die Familie aus der Gegend um Trier. Bald verlagerte sich der Schwerpunkt des persönlichen Besitzes nach Osten in den Lahngau. Mit Konrad I. stellte die Familie einen König des Ostfränkischen Reichs.*

[5] *Die Ezzonen können als lothringische Pfalzgrafen Ende des 9. Jh. histor. belegt werden.*

[6] *Die Einteilung der germanisch besiedelten Gebiete in eine fränkische Gauverwaltung mit angeblich 100 Gauen, die Karl d. Gr. geschaffen habe, ist historisch nicht haltbar. Es gab zwar bei den germanischen Völkern Stammesgebiete, die in der germanischen Sprache Gau genannt wurden, aber das Wort Gau wurde von der Geschichtsschreibung zw. dem 17.- und 19. Jh. im Wesentlichen geprägt. Für die Einteilung der Verwaltung des ostfränkischen Reiches unterhalb der Königsebene ist es historisch genauer, von Herzogtümern und Grafschaften zu sprechen.*

kundlich belegte Grafen des „Engersgaues“sind Otto von Hammerstein (1005-1036 n. Chr.) sowie Graf Metfried, der urkundlich fassbar ist für die Jahre 1103 und 1129 und auch Erbauer der Burg Altwied (Stadtteil von Neuwied) ist. Die „Gaugrafen“ in der Nachfolge von Metfried nannten sich ab 1129 n. Chr. Grafen von Wied. Später zerfiel der Engersgau und ging im weiteren Mittelalter zum kleineren Teil in der wiedischen Grafschaft, zum größeren Teil im rechtsrheinischen Besitz des Kurfürstentums Trier auf.

1. 3 Klöster beeinflussten die Besiedlung

Die Geschichtsschreibung über den Bau und Anlass der jeweiligen Ortskirchen wird sich orientieren an der Ausbreitung der Macht der Klöster und der Erzbischöfe der Bistümer Köln, Mainz und Trier. Große Klöster aus Koblenz, Bonn, Siegburg, Rommersdorf, Marienstatt oder Heisterbach besaßen umfangreiche landwirtschaftliche Güter zwischen Wied und Sieg oder Weinberge am unteren Mittelrhein. Maßgebliche weltliche Herrscher des Adels waren in der Region der Pfalzgraf, die Herzöge von Berg, zeitweise die Dynastie der älteren Grafen zu Sayn, die Isenburger Grafen, auch das Grafenhaus der Herren von Are. Ein größerer Teil des Kreises Neuwied gehörte den späteren Grafen zu Wied. Erst in der jüngeren Geschichte, im 19. Jh. nach der Besiegung Napoleons und der nachfolgenden Ausdehnung des preußischen Staates in die Rheinlande entstanden die Landkreise Altenkirchen, Neuwied oder Sieg-Kreis. Nach dem II. Weltkrieg im 20. Jh. erst entstanden die Bundesländer Nordrhein-Westfalen und Rheinland-Pfalz.

Bild unten:
Die Doppelkirche in Schwarzrheindorf birgt zwei übereinanderliegende Kirchen in sich.

1. 4 Was hat die weltberühmte romanische Bonner Doppelkirche Schwarzrheindorf mit dem Dorf Niederbreitbach an der Wied gemein?

In der Einleitung soll folgender fragender Hinweis erlaubt sein: Die romanische Doppelkirche St. Maria und St. Clemens im rechtsrheinischen Bonner Stadtteil Schwarzrheindorf ist eine der bedeutendsten romanischen Kirchen Deutschlands. Der Kölner Erzbischof Arnold II. von Wied (Graf von Wied) wird im 12. Jh. in dieser weltberühmten Doppelkirche beigesetzt. In der heutigen Gemeinde Niederbreitbach an der Wied ließ Erzbischof Arnold II. von Wied im Jahr 1173 für das Stift der Benediktinerinnen von Schwarzrheindorf einen großen Bauernhof anlegen, den sogenannten „Rheindorfer Hof". Welche Zusammenhänge bestehen zwischen dem kleinen Ort an der beschaulichen Wied und dem fernab gelegenen Kloster- und Burgort am rechten Rheinufer nördlich von Beuel?

1. 5 Warum wird der Kölner Erzbischof Hermann V. von Wied nicht im Dom sondern in einer Dorfkirche am Niederbieberer Wiedufer beigesetzt?

In der Einleitung soll ein zweiter fragender Hinweis erlaubt sein: In der bis dahin katholischen Kirche in Neuwied-Niederbieber wurde 1552 der auf Burg Altwied zurückgezogen lebende Kölner Kurfürst und Erzbischof Hermann V. von Wied unter dem Altar beigesetzt. Warum wurde der Fürstbischof nicht im Dom beigesetzt, sondern in einer kleinen Dorfkirche in Niederbieber, an der beschaulich fließenden Wied? Der spätromanische Kirchenbau in Neuwied-Niederbieber war schon im 13. Jahrhundert errichtet worden und war bis 1547 die katholische Pfarrkirche des Ortes.

1. 6 Über 140 bedeutsame und historisch hervorzuhebende Kirchen prägen das Bild zwischen Sieg, Wied und am unteren Mittelrhein

Die Zahl von über 140 bedeutsamen oder alten, historisch besonders hervorzuhebenden Kirchen und Kapellen oder jahrhundertelang im Mittelpunkt des religiösen Lebens stehenden Pilgerstätten führte zu einem umfangreichen Gesamtwerk. Gemeinsam mit dem Verleger Dr. Jürgen Mertens wurde die Entscheidung getroffen, das Gesamtwerk in drei Einzelbänden erscheinen zu lassen. Im Band I werden zuerst die alten Pilgerkirchen und -kapellen vorgestellt.

1.7 Kirchen sind steinerne Zeugen des früheren Christentums

Das Wort Kirche wurde abgeleitet vom griechischen „kyriakos“, was so viel heißt wie „dem Herrn gehörend.“ Als Kirche bezeichneten die frühen Christen sowohl ihre Gemeinde als auch den Versammlungsort, an dem sich die Gemeinde traf, um Gottesdienste zu feiern. Es ist historisch belegt, dass die erste christliche Kirche auf heutigem deutschen Boden eine römische Doppelkirchenanlage in Trier war, etwa im Bereich, in dem später der Trierer Dom errichtet wurde. Das Christentum wurde in der spätrömischen und nachrömischen Zeit auf heutigem deutschen Boden überwiegend von Mönchen verbreitet, die aus Irland, Frankreich oder Schottland kommend, den dünn besiedelten Hunsrück, das Rheinland und den sehr dünn besiedelten Westerwald missionierten.

Bild unten:
Der Aachener Dom (oder Kaiserdom). Den karolingischen Zentralbau ließ Karl der Große gegen Ende des achten Jahrhundert errichten. Die Pfalzkapelle Kaiser Karls des Großen war über 200 Jahre lang nördlich der Alpen in ihrer Höhe und Gewölbeweite unübertroffen.

2

2. Vorwort „Kirchenbau ist eigentlich umbauter Gottesdienst“

Jahrhunderte lang bestimmten Kirchtürme, alle Häuser hoch überragend, die Silhouette unserer Dörfer und Städte. Seit 1700 Jahren werden in Europa christliche Kirchen gebaut, die in ihrer Form und Ausstattung nicht unterschiedlicher sein könnten. Kirchen waren die Wahrzeichen unserer Orte. Sie entstanden gleichzeitig mit der Entstehung der christlichen Gemeinde, denn sich zum gemeinsamen Gottesdienst versammeln war der Kern und die Urzelle der Ge-

Bild rechts:
Die Kuppel des Petersdoms in Rom.
Quelle: www.fotowelt.chip.de

meinde der Gläubigen. Am Versammlungsort wurde die Kirche gebaut, das Kirchenbauwerk wurde zum Mittelpunkt der Gemeinde. Die Römer schauten sich den Bau der Tempel von Griechen und Ägyptern ab. Die frühen Christengemeinden entstanden im römischen Reich und übernahmen teilweise die vorhandene sakrale Kultur.

„Das ist ja wie im Himmel“ lässt Bestsellerautor Peter Prange seine Romanheldin Clarissa sagen, als Baumeister Francesco Castelli die Principessa im Jahr 1668 in den Petersdom in Rom zur von Michelangelo ausgestatteten Kuppel führt[7]. Die Kirchengebäude wurden im Inneren mit Symbolen der Glaubensaus-

[7] *Prange, Peter: „Die Principessa“, München 2003; S. 74 ff.*

übung ausgestattet oder waren selbst zum Symbol geworden. Das Kirchengebäude wurde im frühen Mittelalter zum umbauten Gottesdienst. Ab dem Mittelalter legten die mächtigen Dome, die Stiftskirchen, die Münsterkirchen, die unendliche Zahl großer und kleiner Gemeindekirchen legten weithin sichtbar Zeugnis für Gott ab. Kirchenglocken riefen und rufen zum Gottesdienst, läuten bei Hochzeiten, Kindtaufen oder Begräbnissen. Noch ist vor allem für die Hochzeit in Deutschland der Besuch des Gotteshauses bedeutend geblieben, noch spielen auch die Baustile und die Geschichte der Kirchen eine wichtige Rolle bei der Wahl für diesen Brauch. Dabei ist die Zahl der regelmäßigen Gottesdienstbesucher der evangelischen als auch der katholischen Kirche in Deutschland in den vergangenen Jahrzehnten dras tisch zurück gegangen. Im dritten Jahrtausend nach Christi Geburt fehlen beiden großen christlichen Kirchen in Deutschland aktive Kirchenbesucher und zunehmend Finanzmittel[8].

2. 1 Werden die Kirchen in der Region Rhein-Sieg-Wied zu Museen?

Die drei katholischen Bistümer Mainz, Trier und Limburg, die den Raum Rhein, Wied und Sieg in Rheinland-Pfalz berühren, haben im vergangenen Jahr insgesamt 14.416 Kirchenaustritte verzeichnet. 30 Millionen Euro Steuereinnahmen fehlen dem Bistum Mainz im Jahr 2010 gegenüber der bisherigen Finanzplanung. Das Bistum hatte schon im Jahr 2009 die Summe von 30 Millionen Euro aus den Rücklagen entnommen. Der Haushaltsansatz für 2010 sinkt noch einmal um 40 Millionen Euro. Die katholischen Bistümer in Deutschland rechnen im Herbst 2009 mit einem zehnprozentigen Rückgang der Kirchensteuer für die folgenden Jahre.

Die Medien berichten 2009, dass der Erhalt der Kirchengebäude zum Problem würde. Sinkende Steuern, steigende Energiekosten und von der Personenanzahl her schrumpfende Gemeinden werden konstatiert.

[8] Balleier, Sabine: „Erhalt der Kirchen wird zum Problem. Sinkende Steuern, steigende Energiekosten, schrumpfende Gemeinden. Gotteshäuser wachsen den Gemeinden über den Kopf". in: Rhein-Zeitung; Ausgabe AN 19.09.2009, Seite 21.

Daher würde die weitere Finanzierung der Gotteshäuser den Gläubigen über den Kopf wachsen. "Katholiken machen sich Gedanken über die Zukunft", titelte die Koblenzer Rhein-Zeitung einen Bericht über die Neustrukturierung der Seelsorgebereiche im Erzbistum Köln[9], denn bei der katholischen Kirche kommt noch der Priestermangel hinzu. Schon im Jahr 2004 lautet ein Zeitungsbericht: „Erzbischof tritt auf die Notbremse“[10]. Das Kölner Erzbistum musste wegen sinkender Kirchensteuereinnahmen die Ausgaben jährlich um 90 Millionen Euro reduzieren. Werden alle Kirchenbauten auch weiter unterhalten werden? Wie viele Kirchen werden noch für den Gottesdienst geöffnet? Werden die Kirchen in der Region Rhein-Sieg-Wied zu Museen?

[9] *Christ, Beate: „Katholiken machen sich Gedanken über die Zukunft", in Rhein-Zeitung, Ausgabe AN 18.06.2009, Seite 20*

[10] *Peerenboom, Marcelo: „Erzbischof tritt auf die Notbremse" in: Rhein-Zeitung, Ausgabe AN 07.10.2004, Seite 11.*

3

3. Im Zeitraffer: Unsere weltweit ältesten Götterverehrungsorte

Die ersten Schritte der frühen Menschen, sich vom reinen Überlebenskampf in der Natur zu lösen und eine eigene Identität zu entwickeln, begannen mit dem Ackerbau, begannen damit, ihre Nahrung eigenständig anzupflanzen. Eine erste Gestaltung der Umwelt fand statt. Erstes menschliches Leben auf der Erde[11] kann bis auf 47 Millionen Jahre vor unserer Zeit datiert werden. Das erste Verbindungsstück zu allen Menschen ist nach derzeitiger wissenschaftlicher Kenntnis ein etwa 20 cm großes Tier, das Ähnlichkeit mit Lemuren[12] aufweist. Es fehlen jedoch typische Zahnmerkmale. Die Forscher fanden in der Versteinerung Körperteile, die in Richtung heutiger Affen und Menschen hinweisen, zum Beispiel den Sprunggelenksknochen[13]. Mit dem Ackerbau wurde der frühe Mensch vom Wetter abhängig, die Gewalt der Natur und die Abhängigkeit von ihr wurden bewusst empfunden. Zwangsläufig setzte eine bewusste Auseinandersetzung mit der Welt und dem eigenen Leben ein. Diese Gedanken führten dazu, dass Menschen begannen, an Kräfte zu glauben, die mächtiger waren als der Mensch selbst. Menschen begannen, Götter zu verehren, eine beschreibbare Kultur entstand. Der Mensch brachte seine Verehrung beispielsweise durch kultische Höhlenzeichnungen zum Ausdruck. Er verließ damit den ungestalteten Naturzustand und betrat den Raum der Kultur. Wiederentdeckte frühe Höhlenmalereien reichen über 30.000 Jahre zurück. Ihr Alter lässt sich mithilfe modernster Messmethoden (z. B. Radiokarbon) bestimmen.

3.1 Die ältesten Götterverehrungsorte der Erde

Die christliche Religion, mit wir in Westeuropa aufwachsen, stammt aus dem Vorderen Orient. Viele

Bild oben:
Offiziell gaben die Wissenschaftler dem Wesen den Namen „Darwinius Masillae", inoffiziell heißt es „Ida". Die etwa 20 Zentimeter große Versteinerung zeigt den Affen-Urahn von der Seite; Beine und Gebiss sind ebenso wie Gewebereste gut zu erkennen. Das Fossil war bereits 1983 ausgegraben worden und seitdem in Privatbesitz. Erst vor zwei Jahren gelangte es in Hurums Hände. Er nannte das Fossil „Ida", nach seiner kleinen Tochter.
Foto: www.scienceblogs.de

[11] *„Ur-Ahn Ida wirbelt Staub auf" in: Rhein-Zeitung, Ausgabe Neuwied vom 22.05.2009, Seite 28.*

[12] *Halbaffen, wie sie heute noch auf Madagaskar leben.*

[13] *Ebd., Ur-Ahnin Ida war ein junges Weibchen, etwa so groß wie eine Hauskatze, aber mit einigen durchaus menschlichen Merkmalen. Sie hatte eine daumenähnliche Wendezehe zum Zugreifen und an der Spitze ihrer Gliedmaßen keineswegs Krallen, sondern Fingernägel. Ein Expertenteam hat sie jahrelang untersucht und ist zu dem Schluss gekommen, es könnte sich bei ihr um das bisher unbekannte Wesen handeln, aus dem später Menschen, Affen und andere Primaten hervorgegangen sind.*

Bild rechts:
Höhlenmalerei eines Bison, gefunden in der Höhle von Altamira. Diese befindet sich in der Nähe der Stadt Santillana del Mar in Kantabrien, Spanien, 30 km westlich von Santander und ist bekannt für ihre steinzeitliche Höhlenmalerei. Sie gehört zum UNESCO-Welterbe. Die Altamirahöhle wurde im Zeitraum von 16.000 v. Chr. bis zu ihrem Einsturz 11.000 v. Chr. genutzt. Quelle: www. de.academic.ru

unserer Kulthandlungen haben dort ihren Ursprung. Perser, Ägypter, Griechen oder Römer erfanden die ersten Zeremonien, die die christlichen Religionen übernahmen. Die uns derzeit bekannte, weltweit älteste von Menschen errichtete Tempelanlage liegt in der Türkei. Vor 11.000 Jahren bauten Jäger und Sammler auf einem Plateau in Südostanatolien eine monumentale Tempelanlage mit gewaltigen Steinpfeilern. Das Bergheiligtum Göbekli Tepe in der Türkei, übersetzt heißt dies „Hügel mit Nabel", ist mit ca. 11.000 Jahren die älteste derzeit bekannte Tempelanlage der Welt[14]. Aber auch in Irland mit „Newgrange" oder im Norden des Irak mit dem Ischtartempel haben wir Jahrtausende alte steinerne Zeugnisse menschlicher Götterverehrung. Die älteren Ischtar-Tempel in Assur reichen von der zweiten Hälfte des 3. Jahrtausends bis zur Mitte des 2. Jahrtausends v. Chr. Newgrange bezeichnet ein gewaltiges Hügelgrab in der irischen Grafschaft Meath am Fluss Boyne. Es ist ein Ganggrab mit kreuzförmiger Kammer und Kraggewölbe. Die Anlage wurde ca. 3150 v. Chr. erbaut, und zwar von einem Volk, das dort lebte, lange bevor die Kelten nach Irland kamen. Sie ist eine der weltweit bedeutendsten Megalithanlagen und eine der

Bild oben:
Das Tor des Ishtar-Tempels ist im Pergamon Museum in Berlin zu betrachten. Foto: Rictor Norton, www.wikipedia.org

[14] *Vergl. „Die ältesten Tempel der Menschen" in Geo-Magazin Nr. 1; Hamburg 2008*

Bild oben:
Newgrange in Irland.
Foto: www.theudericus.free.fr

ältesten, die einen Kalenderbau[15] darstellen. Megalith werden die großen, oft unbehauenen Steinblöcke genannt, die als Bausteine für Grab- und Kultanlagen benutzt wurden. Wir ordnen sie in der Regel der Jungsteinzeit zu oder auch der frühen Bronzezeit. Andere berühmte Bauwerke sind die Moais Stelen auf der Osterinsel. Das genaue Alter der dortigen Figuren ist umstritten, als gesichert gilt, dass sie keinesfalls älter als 1.500 Jahre sind. Stonehenge in England wird zurückdatiert bis ca. 3.100 Jahre vor unserer Zeit, sind also rund 5.000 Jahre alt.

3.2 Tempelbau und Religionsausübung in Ägypten und Griechenland

In Ägypten wurden etwa vor 5.000 Jahren die ersten Tempelanlagen errichtet. Auslöser für viele kulturelle Entwicklungen in Ägypten war der Glaube an das Leben nach dem Tod. Daraus entwickelte sich ein Totenkult. Er war bei den Ägyptern so stark ausgebildet, dass sich Menschen ihr ganzes Leben mit der Ausgestaltung ihres Grabes beschäftigten. Unter Pharao Menes entstand die uns heute noch bekannte Kultur, mit Architektur und Bildhauerei. In Ägypten wurde die Hölle als Gegensatz zum Himmel kreiert[16]. Aus der ägyptischen Religionsgeschichte ist uns bekannt, dass der Pharao als hohes Geistwesen stilisiert wurde. Priester stellten ihn dem Volk als Mittler zwischen den Menschen und einer geistigen, für den Normalsterblichen unerreichbaren Welt dar. Die Macht der Priester ging vielfach über den Tempeldienst hinaus. Oftmals waren die Priester für die Stadtverwaltung mitverantwortlich, schulten die Kinder, leisteten ärzt-

[15] Frühgeschichtliche Bauwerke als Kalenderbauten ermöglichten durch ihre Ausrichtung auf den Stand der Sonne an bestimmten Tagen eine kalendarisch genaue Bestimmung. In der Regel bei der Sonnenwende im Juni und Dezember. Beispiele dafür sind die Sonnentempel, die Pyramiden in Ägypten, und vermutlich auch die Monumente von Stonehenge.

[16] Ähnliches wie Licht und Schatten gab es in vielen Philosophien und Religionen. Als ein entferntes Äquivalent für Yin und Yan könnte hierfür unter Vorbehalt auch Himmel und Hölle dienen oder Gut und Böse. Ein Vorbehalt ist hier jedoch zwingend notwendig, da Yin und Yang sich gegenseitig ergänzen und nicht losgelöst voneinander existieren können.

liche Hilfe und führten eine Bibliothek. Der Pharao war der oberste Vertreter des Tempels. Der Tempel wurde zum Zentrum der Stadt. Um den Menschen landesweit Symbole an die Hand zu geben, wurden Bilder (Statuen) von den Pharaonen geschaffen. Das Volk war angehalten, den Göttern zu opfern, konnte seine Opfer allerdings nur vor dem Tempel darbringen, es wurde ihm nicht erlaubt, ihn zu betreten. Priester nutzten die Statuen für bestimmte Riten, ohne dass der Pharao selbst zugegen sein musste. Die Opfergaben wurden den Göttern u. a. dargebracht, damit die Welt im Einklang blieb. Jeden Morgen kurz vor Sonnenaufgang durchquerte ein Priester mit einer Kerze den Tempel. Er ging zu dem Schrein, in dem die Statue lag und klopfte, damit der Gott erwachte und irdische Gestalt annahm, die das Volk aber nicht zu Gesicht bekam. Dann wusch der Priester die Statue, ihre Stirn wurde mit Zedern- und Myrrheöl eingerieben. Sie wurde angezogen und ihr wurden Speisen und Getränke gereicht. Zu den Opfergaben gehörten außer Speisen, Getränken und Blumen auch Wein, Parfüm und Weihrauch. Der Weihrauch sollte die bösen Geister vertreiben und wurde eigens von den Priestern in geheimen Räumen hergestellt, in denen eine Liste der Zutaten an den Wänden angebracht war. Es wurden ihr auch Blumen dargeboten, denn man glaubte, im Duft dieser sei der Gott selbst. Bei Prozessionen wurde die Statue aus dem Tempel geholt und durch die Straßen getragen. Aber auch dann konnte das Volk sie nicht sehen, denn sie war verhüllt.

In der **altgriechischen Religion** war der Tempel der Aufbewahrungsort für das Götterbild, während die Gottesverehrung und das rituelle Opfer im Freien, am Altar, der sich ebenfalls innerhalb des Heiligen Bezirks befand, stattfanden. Die Gipfelregion des griechischen Bergmassives Olymp, nur 20 km vom Meer entfernt, ist oft bis weit in den Mai hinein von Schnee bedeckt. Im Altertum galt der Olymp[17] als Wohnsitz, als Palast der Götter. Gleichsam das Himmelskonzept

Bild oben:
Die Statue des Tutenchamun.
Foto: www.pressetext.at

[17] *„Als nun aber der zwölfte Morgen gekommen, schritten zurück zum Olymp die ewig währenden Götter, alle mit Zeus an der Spitze. ..." Mit diesen Zeilen beginnt im ältesten erhaltenen Literaturwerk Europas aus dem 8. Jh. v. Chr. die Schilderung der ersten Götterszene am Olymp. Aus Reclam „Homer, Ilias, Vers 493-499; Stuttgart 2009*

der griech. Mythologie. Halbgötter, Abkömmlinge der Götter und ihre Diener bewohnten den Olymp. Wer bei einer Griechenlandreise eine Bergspitze des Olympgebirges bei klarem, wolkenleeren und strahlend blauen Himmel in einen Wolkenkranz verhüllt sieht, kann sich selbst erklären, warum dort der Sitz der Götter sein soll. Im Laufe der Zeit änderte sich diese Vorstellung eines realen Götterthrones hin zu einem Bild, das den Olymp mehr zu einem Himmel oder Paradies werden lässt. Der Begriff „Olymp" wurde idealisiert. Die Göttervorstellung der Menschen löste sich von der physischen Realität des Berges. Mit der Schaffung eines metaphysischen Himmels musste auch ein Gegenstück her, ganz im Sinne des Yin und Yan.

Bild oben:
Das Bergmassiv des Olymp, 2917 m hoch.
Foto: www.rudihanisch.de

3. 3 Frühe christliche Kirchen

Die erste christliche Gemeinde Europas entstand wohl in der griechischen Stadt Philippi. Paulus gründete die Gemeinde auf einer seiner Missionsreisen[18]. Im 4. Jh. n. Chr. wurde unter Kaiser Konstantin das Christentum zur Staatsreligion erhoben. Es entstanden erste christliche Kirchen. Zunächst wurden vom Staat aufgegebene öffentliche Gebäude wie Gerichtssäle dann auch römische Heiligtümer zu christlichen Sakralräumen umfunktioniert. Vereinzelt wurden Apostelgräber mit frühchristlichen Kirchen überbaut. Berühmtes Beispiel ist der ehemalige Petersdom in Rom, der auf dem Grab des Apostel Petrus errichtet wurde. Der Untergang des organisierten Staates Römischen Reich in Kriegen um 500 n. Chr. bedeutete das vorläufige Ende einer umfassenden Kirchenbautätigkeit. Das änderte sich mit der allmählichen Durchsetzung der römisch-katholischen Kirche im 7. Jh.

[18] *Paulus von Tarsus († nach 60 n. Chr., eventuell in Rom) ist nach der Überlieferung des Neuen Testaments der erste und wichtigste Theologe der Christentumsgeschichte und Missionar des Urchristentums.*

4

4. Ein paar Hinweise zu den wiederkehrenden Baustilen der Kirchen

4. 1 Sakralarchitektur vorromanischer und romanischer Kirchen

Zwischen 1000 und 1250 wurden unsere Kirchen im romanischen Baustil errichtet. Zwar ist es ein eigenständiger Baustil, aber das Wort Rom zeigt, dass sich der Baustil auf die Bautradition Roms bezieht. Typisch für die Romanik sind Rundbögen, dicke, festungsartige Mauern mit kleinen, schießschartenartigen Fenstern (Obergarden). Dieser Festungscharakter verlieh den romanischen Kirchen oftmals den Namen „Burg Gottes". Auf den Säulen sitzen Würfelkapitelle. Die Kirchendecken der frühromanischen Zeit sind flache Kassettendecken, später wird das Tonnengewölbe vom Kreuzgratgewölbe abgelöst. Die länglichen Gebäude haben ein erhöhtes Mittelschiff, das von zwei niedrigeren Seitenschiffen, meist abgetrennt durch Rundpfeiler, begleitet wird.

4. 2 Die Basilika ist die wichtigste Grundform des frühmittelalterlichen Kirchenbaus

Bei einer dreischiffigen Basilika durchdringen das Hauptschiff und das Querschiff einander. An dieser Stelle entsteht die Vierung, über der sich der Vierungsturm erhebt. Säulen, Kapitelle, Rundbögen und Gewölbe werden nun eigenständig komponiert. Die Kirche ist durch die Schenkungen des Staates zu Reichtum gekommen. Die Basilika ist die wichtigste Grundform des frühmittelalterlichen Kirchenbaus. Der Innenraum ist durch Säulenreihen in mehrere Längsschiffe getrennt. Der Bau lehnte sich noch stark an die antike Basilika an, sie wurde dann zur Kreuzbasilika weiter entwickelt. Mit den Merowingern und Karolingern entstand im 8. Jahrhundert eine monumentale Sakralarchitektur. Zu den beindruckendsten Kirchen, die Kaiser Karl der Große bauen ließ, gehört die Pfalzkapelle in Aachen. Er ließ eine dreischiffige Basilika mit Vorchorjoch und halbrunder Apsis bauen, kunsthistorisch gilt dies als karolingischer Baustil. Das Querhaus war noch kein gleichrangiger Bestandteil der Kirchenarchitektur. Auf den karolingischen

Bild unten:
Die Aachener Pfalzkapelle, Beispiel für die Architektur unter Karls des Großen.

Bild unten:
Der Dom St. Michael zu Hildesheim, eindeutig ottonisch.
Foto: www.alleangebote.com

folgte der ottonische Baustil, (Kaisergeschlecht der Ottonen) ein neuer, rein deutscher Baustil. Beide Stile werden als vorromanisch eingeordnet. Ottonisch ist der Dom St. Michael in Hildesheim. Ost und Westflügel gelten bei diesem Baustil als gleichgewichtig, ein Vierungsquadrat ist die Grundeinheit des Baukörpers. In den vier Querhausarmen erscheint das Quadrat je einmal, im Mittelschiff dreimal und im Westchor, zwischen Querhaus und Apsis noch einmal. Mit der Ottonischen Architektur bildete sich ein fester Grundrisstyp heraus, der unter den Saliern weiter geführt wurde.

4. 3 Wölbungsbau – architektonische Herausforderung des 11. Jahrhunderts

Bild unten:
Der Kaiserdom zu Speyer, ein Beispiel für die neue Herausforderung des Wölbungsbaus.
Foto: www.panoramico.com

Die architektonische Herausforderung des 11. Jahrhunderts ist der Beginn des Wölbungsbaus, der so monumentale Bauten wie den Kaiserdom in Speyer möglich machte. Zugleich beginnt die Baukunst der Frühromanik. Was stilistisch im romanischen Kirchenbau begonnen wurde, setzte sich in der Gotik weiter fort. In den ersten gotischen Kirchen wird der Spitzbogen mit dem Kreuzrippengewölbe kombiniert. Kreuzrippengewölbe, Spitzbogen und Maßwerk sind die neuen Elemente der Gotik, ebenso wie das kreisrunde Rosettenfenster an repräsentativen Fassaden, meist über dem Westportal (Straßburger Münster). Noch bis Ende des 15. Jahrhunderts ist die spätgotische Pfarrkirche der häufigste Bautyp. Der Grundriss ist das lateinische Kreuz und der Langbau. Die neuen architektonischen Komponenten übernehmen auch wichtige statische Funktionen. So wird der Druck, der mit dem Schlussstein auf den Eckpunkten des Kreuzrippengewölbes lastet, durch den Gegendruck der äußeren Strebebögen ausgeglichen. Die Last des Gewölbes wird in senkrechter Richtung nach unten abgeleitet. Es entsteht ein Gleichgewicht der Kräfte, was die Stabilität der Kirche bewirkt. Da der Druck

auf den Pfeilern und Strebebögen ruht, können die Seitenwände durch ein filigranes System von Fenstern aufgelöst werden. Die immer großflächiger werdenden Fenster erzeugen einen hellen, lichtdurchfluteten, leichter wirkenden Sakralraum. Die Kirchenfenster lassen viel Licht in die Kirche, die Kunst kann mit Glas arbeiten. Der Kölner Dom verkörpert diese Hochgotik.

4. 4 Üppige Ausgestaltung der Innenräume im Barock

Der von Michelangelo entworfene Petersdom in Rom markiert den Beginn des Barock. Parallel zum politischen Absolutismus entwickelte sich die barocke Kirchenarchitektur im 17. Jh. in Europa. Der barocke Baustil unterstrich die weltliche Macht der Kirche – gerade auch als äußeres Zeichen der Gegenreformation, als äußere Antwort auf die Kirchenreinigung eines Calvins[19]. Baumeister wie Balthasar Neumann legten viel Wert auf die üppige Ausgestaltung der Innenräume durch Putten,

Bild oben:
Der Kölner Dom verkörpert die Hochgotik. Foto: Thomas Wolf, www.wikipedia.org

Bild rechts:
Der Petersdom verkörpert dagegen schon den Beginn des Barock. Foto: www. de.academic.ru

Girlanden und große Deckengemälden. Für die aufwändige, oftmals verspielte Ausschmückung und Altarraumgestaltung wurde Marmor, Gold und Alabaster verwendet. Decken, Gesimse und Fensterumrahmungen aus Stuck entstanden. Die Außenfassade ist durch eine auffallende Steigerung zur Mitte hin charakterisiert.

Bild unten:
Eine so reiche Ausstattung der Kirchen findet man nur im Barock.
Foto: www. de.academic.ru

[19] *Neuser, Wilhelm H.: Johann Calvin – Leben und Werk in seiner Frühzeit 1509-1541. Göttingen 2009*

Treten Sie ein in die Welt als wäre es:
„Ein Stück Himmel aus Stein“
Band I
Die 32 schönsten historischen Wallfahrtsstätten zwischen Sieg, Wied und am Unteren Mittelrhein.

5

1

Der Mona-Lisa-Blick der

Apollinariskirche Remagen

Remagen Den schönsten Blick auf die filigrane neugotische Remagener Apollinariskirche hat man von der gegenüberliegenden, rechten Rheinuferseite. Und da wird die große künstlerische Leistung des Baumeisters Zwirner erst so recht deutlich, gleich ob man sich der Kirche aus Richtung Unkel oder aus Richtung Linz nähert, stets ziehen einen die vier schlanken Türme der Kirche in den Bann, schenken dem Betrachter von jenseits des Rheins geradezu ein *Mona-Lisa-Lächeln*[1]. Die Wallfahrtskirche St. Apollinaris in Remagen ist ein Hauptbauwerk romantischer Kirchenbaukunst und zugleich der bedeutendste Sakralbau der Neugotik im Rheinland.

Das Wort Apollinaris kennen fast 100 Prozent der Befragten als Sprudelwasser, als „Apollinaris", das in der Eigenwerbung der Mineralbrunnens zur „Queen of tablewater" gestylt wurde. In Remagen beten aber Pilger zum Heiligen Apollinaris. In der Stadt kann man bei betenden Pilgergruppen auf dem Weg zur Apollinariskirche Sätze hören wie: „Voll des Glaubens, voll Vertrauen, wir zu Deinem Throne schauen, heiliger Apollinaris!" Oder „Gottes Hilfe uns erflehe, hilfreich uns zur Seite stehe!" Es stellt sich die Frage,

Bild rechts:
Im 19. Jh. ausgemalt von Künstlern der Nazarenerschule.

[1] Leonardo da Vincis Bild „Mona Lisa" hängt im Pariser Louvre-Museum. Eine besondere Wirkung bekommt das Bild durch einen Trick Leonardos. Er malte das Bild mit zwei verschiedenen Fluchtpunkten (Perspektiven), einen für den Hintergrund und einen für die Figur. Dem Betrachter erscheint es, gleich von welcher Seite er sich dem Bild nähert, dass ihm Monas Augen stets folgen.

Bild oben:
Die Apollinariskirche von der rechten Rheinuferseite aus.

was hat der Sprudel mit dem Heiligen gemein oder hat etwa ein Einsiedler im gläubigen Mittelalter in Remagen eine heilende Sprudelquelle entdeckt und es entstand somit dort ein Wallfahrtsort? Zwar steht die Apollinariskirche oberhalb von Remagen im Wettstreit um den Besitz des Heiligen[2] mit den Städten Düsseldorf[3] und Ravenna (Italien), aber mit dem Sprudel hat die Apollinariskirche nur den Namen des Heiligen gemein.

Seit 1384 ist eine Wallfahrt zu dem Heiligen auf den Apollinarisberg bezeugt

Das Grab des heiligen Apollinaris befindet sich in Ravenna. Reliquien finden sich außer in Remagen auch

[2] Bautz, Friedrich Wilhelm: "Apollinaris stammte aus Antiochien. Er soll als Bischof von Ravenna um 200 den Märtyrertod erlitten haben. Seine Gebeine wurden in Classe, der Hafenstadt Ravennas, beigesetzt, aber 549 in die dortige Basilika Sant Apollinare und im 9. Jahrhundert nach St. Martino in Ravenna übergeführt. Die Überlieferung, nach der sie 1164 in die spätere Apollinaris-Kirche bei Remagen kamen, ist unhaltbar." in: Biographisch-Bibliographisches Kirchenlexikon; Hamm 1990; Spalte 199

[3] Im Hochaltar der Düsseldorfer St. Lambertuskirche wird ein Schrein mit Reliquien des Hl. Apollinaris aufbewahrt, dieser wird seit dem Jahr 1394 als Patron Düsseldorfs verehrt.

in Gorkum, Dijon, Reims und in der Lambertuskirche zu Düsseldorf. In Remagen gab es seit dem 6. Jahrhundert eine fränkische Kirche auf dem Berg zu Ehren des Hl. Martin. Auf dem einzigartigen Platz oberhalb des Ortes wurden schon in römischer Zeit Altertum Götter verehrt. Ein römischer Weihestein aus einem Heiligtum aus dem 2. Jh. nach Chr. wurde am Fuße des Apollinarisberges bei Bauarbeiten der Eisenbahn im 19. Jh. entdeckt.

Die Benediktinerabtei Siegburg erweiterte ihren Einflussbereich im Hochmittelalter nicht nur in den Westerwald hinein, sondern sicherte sich auch Macht auf der gegenüberliegenden Rheinseite. Mitten im Rheinstrom bei Remagen wurde auf der Insel Nonnenwerth 1126 n. Chr. ein Benediktinerinnenkloster von der Siegburger Abtei aus errichtet und am linken Rheinufer baute Siegburg ein Filialkloster, die Probstei St. Martin, mit der erstmals im Jahr 1117 erwähnten Probsteikirche. Die Hanglage gestattete den Bau einer Krypta als Grundlage für das damalige einschiffige Kirchenbauwerk. 1164 soll der der Kölner Erzbischof Reinald von Dassel der Siegburger Abtei für ihre neue Remagener Kirche Reliquien des Hl. Apollinaris überlassen haben. Die Gebeine seien ursprünglich auch in Mailand geraubt worden, als der Kölner Erzbischof als Kanzler des römisch-deutschen Königreiches aus Mailand die Gebeine der „Hl. Drei Könige“ nach Köln überbrachte. Die Legende dagegen erzählt, dass Remagen als Reliquienstandort des Heiligen Apollinaris ausgewählt worden wäre, weil das Schiff bei der Fahrt auf dem Rhein von sich aus in Remagen angehalten habe. Die Legende bildet immerhin eine Abwechslung zu den vielen Legenden, wonach ein störrischer Esel den Standort des Kirchenbauwerkes bestimmt hätte.

Die Kirche St. Martin entwickelte sich im Mittelalter zur Wallfahrtskirche, veränderte ihren Ursprungsnamen St. Martin und die Pilger am Rheinstrom verehrten hier nun den Heiligen Apollinaris.

Bild unten:
Einer der Seitenaltäre in der Kirche ist noch St. Martin gewidmet.

Bild oben:
Die Apollinariskirche als letzte Ruhestätte für Freiherr von Fürstenberg-Stammheim

Jährliche Wallfahrt

Bis in die Mitte des 12. Jahrhunderts lassen sich die Wallfahrten zur Verehrung des Hl. Apollinaris nach Remagen zurückverfolgen. Seit dem Jahr 1384 ist auf dem Apollinarisberg eine Wallfahrt zu dem Heiligen bezeugt. Über 600 Jahre war der „Apollinarisberg", wie er nun genannt wurde, Ort frommer Wallfahrten der Bevölkerung vom Rhein und den benachbarten Regionen. Herzog Wilhelm I. von Jülich und Berg raubte 1380 n. Chr. die Reliquie den Remagener Benediktinermönchen bei einer Fehde gegen Siegburg und ließ sie in die Lambertuskirche in Düsseldorf bringen. Damit machte Herzog Wilhelm Düsseldorf zu einem wichtigen Pilgerort. Zuvor hatte allerdings Ritter Gerhard von Einenberg heimlich die Schädeldecke des Heiligen aus dem Raub entfernt und ihn auf der Feste Landskron versteckt. Von dort gelangte die Reliquie wieder zurück nach Remagen, so dass die Reliquie teilweise in Remagen verblieb. 1793 wurde die Kopfreliquie zum Schutz vor französischen Truppen nach Siegburg ausgelagert.

Remagener Klosterkirche 1839 neu gebaut

Das Kloster in Remagen wurde im Jahre 1802 aufgelöst. Die französische Besatzungsmacht verkaufte

1802 die gesamte Klosteranlage nebst Berg dem Kölner Bürger Johann Sulpiz Boisserée. Kunstliebhaber Boisserée sammelte unter anderem Gemälde und war anerkannter Kunst- und Architekturhistoriker. Teile seiner Sammlung kaufte beispielsweise der bayerische König für die Münchener Pinakothek[4]. 1836 verkaufte Boisserée die Remagener Apollinariskirche dem Kölner Industriellen und Großgrundbesitzer Franz Egon Freiherr von Fürstenberg-Stammheim. Freiherr von Fürstenberg besaß allein in Westfalen und im Rheinland über 11 000 Morgen Land, daneben Kohlenbergwerke in Ungarn und war auch beteiligt an Kohlenbergwerken im Ruhrgebiet. Er betätigte sich als Mäzen. Während andere reiche deutsche Bürger Burgen im Rheintal renovierten oder neu errichteten, erwarb Freiherr von Fürstenberg die Apollinariskirche. Sein Mäzenatentum war dabei auch geprägt von der Rheinromantik dieser Zeit und deren Rückbesinnung auf das Mittelalter. Er wollte mit dem Kauf der Kirche und des Apollinarisberges die unterbrochene Tradition der Wallfahrt zur Verehrung des Kopfreliquiares wieder aufleben lassen. Zudem sollte die Krypta der Kirche fortan zur Gruft für die Toten der Familie werden. Ursprünglich plante von Fürstenberg lediglich, die Kirche innen von Künstlern der Nazarenerschule neu ausmalen zu lassen. Nach erfolgter Bauinspektion der vorgefundenen Kirche musste Fürstenberg einsehen, dass nur ein Neubau möglich war. 1838 fasste er den Beschluss zum Abbruch und ließ sich noch im gleichen Jahr von dem Düsseldorfer Architekten Rudolf Wiegmann und dem Kölner Dombaumeister Ernst Friedrich Zwirner[5] Entwürfe zum Neubau einer Kirche ausarbeiten. Zwirners am Kölner Dom orientierte Planungen trugen

[4] *Boisserée Sulpiz, * Köln 02.08.1783, † Bonn 02.05.1854; setzte sich gemeinsam mit seinem Bruder Melchior (* 1786, † 1851) für die Vollendung des Kölner Doms ein. Ihre bedeutende Sammlung deutscher und niederländischer Malerei des Mittelalters wurde 1827 von König Ludwig I. von Bayern für die Alte Pinakothek in München erworben. Von ihm hinterlassene Tagebücher sind aufschlussreich für die Geschichte der deutschen Romantik und die Goetheforschung.*

[5] *Zwirner konnte als Grundlage für einen Weiterbau des Kölner Domes im Sinne des Mittelalters wiedergefundene mittelalterliche Zeichnungen verwenden. So hatte Boisserée beispielsweise 1816 eine Hälfte des 4,05 m großen, überarbeiteten mittelalterlichen Fassadenplanes für den Südturm des Dombaumeisters Johannes in Paris gefunden. Boisserée war einer der engagiertesten Aktivisten, der den Kölner Dom vollendet sehen wollte. Und Georg Moller wiederum fand 1814 den mittelalterlichen Riss des Nordturmes der Westfassade.*

den Sieg davon. Fürstenberg beauftragte Zwirner mit dem Bau der neuen Wallfahrtskirche. Daneben sollte ein kleines Schloss entstehen.

Kölner Dombaumeister Ernst Friedrich Zwirner

Zwirner war 1833 nach Köln berufen worden, um den Ausbau des Domes zu leiten. Er hatte an der Berliner Bauakademie studiert und war darüber hinaus durch unmittelbare Zusammenarbeit mit Karl Friedrich Schinkel geprägt worden.

Bauwerk

Zwirner betätigte sich in dieser Zeit auch im benachbarten Bad Hönningen und baute dort das Schloss Arenfels um sowie das Schloss Arienheller neu. Zwirner gab der Apollinariskirche den Grundriss eines griechischen Kreuzes mit vier gleichen Armen. Westfront und Chor sind jeweils von einem Turmpaar flankiert. Von der alten Kirche blieben nur noch einige romanische Kapitelle im neu eingerichteten Ausstellungsraum (Lapidarium) unter der Kirche übrig. Die Giebelabschlüsse der drei Schiffe tragen Blendmaßwerk und Krabben und enden in großen Kreuzblumen. Die fünf Seiten des Chores wurden durch Wimperge betont. Als wohl eindrucksvollste Schmuckformen der Kirche sind die filigranen Maßwerkhelme der vier Türme zu bezeichnen, die so entscheidend zu deren schwebendem Eindruck im Rheinpanorama beitragen.

Ausmalung durch die Nazarener

Von besonderer Bedeutung ist auch das Innere der Kirche, Decke und Wände wurden bis 1853 durch Mitglieder der Düsseldorfer Malerschule, genannt Nazarenerschule[6] ausgemalt. Die besondere Stellung der neuen Apollinariskirche in der Kunstgeschichte leitet sich aus der architektonischen Verbindung zur Vollendung des Kölner Domes im 19. Jahrhundert sowie durch die Ausmalung der „Nazarener“ ab. Die Innenausstattung übernahmen die Schadow[7]-Schüler Ernst Deger, Andreas und Karl Müller. Später kam noch Franz Ittenbach hinzu. Die Maler gehörten der Lukasbruderschaft der Nazarener an. Die Tafelmalerei der Nazarener wirkte in starkem Maße auf die religiöse Kunst bis zum Expressionismus. Die Künstler reisten beispielsweise eigens auf Kosten Fürstenbergs nach Rom (Lukasbund), um sich dort Anregungen zu beschaffen. Der Neubau bot durch große Wandflächen ideale Voraussetzungen Szenen aus dem Leben Christi und der Mutter Maria sowie des heiligen Apollinaris darzustellen. Dieser groß angelegte Zyklus wurde in Freskotechnik von den Düsseldorfer Schadow-Schülern Ernst Deger, Andreas und Carl Müller sowie Franz Ittenbach in den Jahren 1843-53 geschaffen. Karl Deger malte hierbei die großen Bilder auf den Wandflächen der Nordseite mit Themen aus dem Leben Christi sowie das Bild in der Apsis, Karl Müller bemalte die gegenüberliegenden großen Flächen auf der Südwand mit Themen aus dem Leben der Maria. Die restlichen, kleinteiligen Flächen teilten sich Andreas Müller und Franz Ittenbach. In diesem Malerei-Zyklus der Kirche sollte eine seit Jahrzehnten gehegte Vorstellung verwirklicht werden. Die Fresko-Malerei sollte wieder belebt werden, „so wie sie zu Zeiten des großen Giotto bis auf den göttlichen Raffael in Italien war". Es gehört zu den Merkwürdigkeiten des Bauwerkes, dass einige entscheidende Schmuckteile wie die umlaufenden Maßwerkbrüstungen, die Helme der Westtürme und die Gitter im Inneren der Kirche in Gusseisen hergestellt wurden. Dieses Eisen stammte nicht, wie bisher in der Literatur zu lesen, aus der Sayner Hütte, sondern aus der Isselburger Hütte bei Rees am Niederrhein[8].

[6] Die Lukasbruderschaft der Nazarener war ein 1809 in Wien gegründeter Künstlerbund, der 1810 nach Rom übersiedelte. Die Nazarener streben eine religiös gefärbte, auf Gotik und Renaissance zurückgreifende Kunst an. E sollte eine heilige Kunst nachgebildet werden.

[7] Wilhelm von Schadow war der Sohn des berühmten Bildhauers Johann Gottfried Schadow, des Schöpfers der Quadriga auf dem Brandenburger Tor. Seine Schüler wiederum waren die Brüder Andreas Müller (1811-1890) und Karl Müller (1818-1893) ebenso wie Ernst Deger und Franz Ittenbach. Im unteren Mittelrheinraum im vorigen Jahrhundert stellten der Koblenzer Joseph Anton Settegast (1813-1890) oder der Linzer Johann Martin Niederée (1830-1853) ihre Kunst in den Dienst der Religion. Settegast war Schüler des Frankfurter Nazareners Philipp Veit, seines späteren Schwiegervaters.

[8] Custodis, Paul-Georg: „Die Apollinariskirche in Remagen – Bedeutung und Restaurierung"; in: Heimatjahrbuch Kreis Ahrweiler, Bad Neuenahr-Ahrweiler 2003.

Die rechten Wandflächen sind dem Leben Jesu gewidmet, die linken dem Marienleben. Das Querhaus zeigt die Legende des heiligen Apollinaris. Im Apsisgemälde wird Jesus als der wiederkehrende Christus auf dem Regenbogen thronend dargestellt. In seiner linken Hand hält er das Schriftwort „Ich bin der Weg, die Wahrheit und das Leben“. Die rechte Hand segnet die Pilgerinnen und Pilger, die die Kirche betreten. Der goldene Hintergrund – Gold ist in vielen Religionen Symbol für die Gottheit – fesselt die Aufmerksamkeit des Betrachters.

Bild oben:
Der Sarkophag mit der Hauptreliquie des Heiligen Apollinaris in der Krypta der Kirche stammt noch aus dem 14. Jh.

1857 wird die Kirche eingeweiht

Immer wieder besuchten hohe Personen die Baustelle. So 1844 Prinz Wilhelm v. Preußen, der spätere Kaiser Wilhelm I. oder 1847 dessen Bruder, König Friedrich Wilhelm IV. Für dessen Fahrt von Bonn nach Remagen werden „zwei extra Postpferde“ und Pechfackeln geordert. 1848 kam der deutsche Reichsverweser, Erzherzog Johann von Österreich, in die Kirche. Zur Begutachtung der vollendeten Malerei trafen 1852 König Friedrich Wilhelm IV., Prinz Wilhelm v. Preußen, Graf Franz Egon v. Fürstenberg und Sulpiz Boisserée auf dem Apollinarisberg zusammen. Für die Bürger von Remagen gab es ein „Königsfest“. 1854 kamen König Ludwig von Bayern und ein Jahr später König Friedrich Wilhelm IV. auf den Apollinarisberg.

Am 28. März 1857 wurde die neugebaute Kirche eingeweiht, am 23. Juli 1857 die Kopfreliquie des Hl. Apollinaris wieder in die Kirche übertragen. Graf von Fürstenberg-Stammheim bat 1857 nach Fertigstellung der neu erbauten Kirche und ihrer Ausmalung Franziskanerpatres, auf dem Apollinarisberg wieder einen Konvent zu bilden. Ihre besondere Aufgabe waren Predigt und Pflege der Wallfahrt zum heiligen Apollinaris. Seit dieser Zeit finden bis zum heutigen Tage mehrfach im Jahr Wallfahrten nach Remagen statt. Vom 25. März 1857 bis zum 31. Dezember 2006 wirkte der Orden der Franziskaner auf dem Apollinarisberg. Ende des Jahres 2006 verließen die Franziskaner Kloster und Kirche. Anfang 2007 übernahm die Gemeinschaft der gekreuzigten und auferstandenen Liebe, ein niederländischer Orden, die Betreuung des Wallfahrtsortes.

Vier Millionen für die Renovierung der Kirche

Der Beschuss der Brücke von Remagen während des Zweiten Weltkrieges verschonte die Apollinariskirche weitgehend. unversehrt. Dennoch bildeten sich seit Kriegsende immer wieder starke Schäden am Außenbauwerk. Es bestand die Gefahr, dass bei den Wallfahrten Pilger und Besucher durch abstürzende Steine aus der Dachzone gefährdet würden. Um 1954 wurden zur Gefahrenabwehr umfangreiche Teile des Zierrates am Mauerwerk entfernt. Seit 1985 wurden rund vier Millionen Euro in die Renovierung investiert. Im Jahre 1994 wurde die Apollinariskirche mit ihrer Wandmalerei in das Projekt „Erhaltung historischer Wandmalereien" des Bundesministeriums für Forschung und Technologie aufgenommen, das in Kooperation mit der Fachhochschule Köln unter Leitung von Prof. Dr. Dasser und in Absprache mit der Restaurierungswerkstatt des Landesamtes für Denkmalpflege durchgeführt wurde. Die Arbeiten wurden durch umfangreiche Forschungen des rheinland-pfälzischen Landesamtes für Denkmalpflege begleitet. Dabei wurden auch Bauakten und Planungsunterlagen aus dem Privatarchiv der Familie Fürstenberg-Stammheim, das bei der Rheinischen Archivberatungsstelle in der Abtei Brauweiler deponiert ist, ausgewertet. Die Außenrenovierung konnte 2005 abgeschlossen werden. Seit Mitte 2005 finden im Inneren der Kirche weitere umfassende Restaurationsarbeiten statt.[9]

Steckbrief

Die Apollinariskirche liegt oberhalb der Stadt Remagen auf einer Anhöhe, die heute Apollinarisberg heißt. Die Kirche zählt als Gesamtkunstwerk der Rheinromantik mit ihrem neugotischen Stil des Historizismus zu den herausragenden Denkmälern des 19. Jahrhunderts im Rheinland. Der Sarkophag mit der Hauptreliquie des Heiligen Apollinaris in der Krypta der Kirche stammt noch aus dem 14. Jh.

Wallfahrt: Samstag, 18. Juli bis zum Sonntag, 2. August. Die Gemeinschaft der gekreuzigten und auferstanden Liebe lädt täglich zu Gottesdiensten und Gebetszeiten ein.

Anfahrt: Von Koblenz oder Bonn über die Autobahn A 61 bis Autobahnkreuz Sinzig. Zunächst Richtung Sinzig, dann nach Remagen über die Bundesstraße B9. Vor dem Ortsausgang das Hinweisschild „Apollinariskirche“ beachten.

Buchtipp: „Die Apollinariskirche in Remagen“. Forschungsberichte, Band 7., Hrsg.: Landesamt für Denkmalpflege Rheinland-Pfalz in Mainz. Worms 2005. 246 Seiten mit 209 größtenteils farbigen Abbildungen.

[9] Brönner, Wolfgang: „Die Apollinariskirche in Remagen“, Forschungsberichte Bd. 7, Worms 2005

5

2

Kriegsgefangene wallfahrten zu

IHRER SCHWARZEN MADONNA VON REMAGEN

REMAGEN Nach der Eroberung des Brückenkopfes Remagen und der Besetzung der einzigen erhalten gebliebenen deutschen Rheinbrücke, der Brücke von Remagen, legten die US-Truppen am Ende des Zweiten Weltkriegs am Rheinufer zwischen Remagen und Niederbreisig, genannt „Goldene Meile" ein riesiges Gefangenenlager für deutsche Soldaten an. Die Bezeichnung „golden" des Volksmunds für das dortige Acker- und Wiesenland rührte von der Fruchtbarkeit des Bodens in diesem Bereich her. Im Rheinland waren 250.000 deutsche Soldaten in Kriegsgefangenschaft geraten, nach der Zerschlagung des Ruhrkessels kamen weitere 325.000 hinzu. Ab Mitte April 1945 wurden rund 660.000 Deutsche in diesen Lagern gefangen gehalten[1]. Solange es nicht feststand, wie es nach dem Krieg weitergehen sollte, wurden die deutschen Kriegsgefangenen bewacht und versorgt. Die als Durchgangslager geplante provisorische Unterbringung der Gefangenen wurde bis Juli 1945 zur Dauerlösung, das bedeutete über 600.000 Personen zu sättigen. Die Versorgung und Unterbringung der Gefangenen war miserabel. Es gab anfangs weder Holzbaracken oder Unterstände noch entsprechende hygienische Einrichtungen. Nur wenige Gefangene

[1] *Gückelhorn, Wolfgang: „Das Ende am Rhein – Kriegsende zwischen Remagen und Andernach", Aachen 2005*

Bild rechts:
Das Kriegsgefangenlager „Die Goldene Meile“

durften eine Zeltbahn oder einen Mantel behalten. Die Übrigen waren den Unbilden des Wetters ausgeliefert, mussten in Kälte und Regen aushalten. Viele Gefangene hatten noch nicht einmal mehr ihr Kochgeschirr, alle Waffen, auch das Seitengewehr oder Dolche waren beschlagnahmt. Mit primitiven Werkzeugen gruben sich einige Insassen Erdlöcher, in denen sie Schutz vor dem Regen suchten. Viele starben in den provisorischen Behausungen oder wurden lebendig begraben, wenn ihre Erdlöcher einstürzten. Einmal täglich fand die Essensausgabe statt. Es war anfangs kaum genug zum Überleben. Die „Goldene Meile“ war eines dieser Lager. In Erinnerung an das Lager ließ Bürgermeister Hans Peter Kürten aus Spendengeldern an der Straße zwischen der Innenstadt von Remagen und dem Remagener Stadtteil Kripp, auf dem ehemaligen Lagergelände die Kapelle der „Schwarzen Madonna“ bauen[2]. Das kleine Gotteshaus wurde 1987 eingeweiht. Sofort setzte eine Wallfahrt dankbarer Überlebender des Kriegsgefangenenlagers ein.

In der Kapelle steht in einer Stele die „Schwarze Madonna“, die der Kriegsgefangene Professor Adolf Wamper (1901–1977) in der Lagerzeit aus dem Lehm der Goldenen Meile geformt hat. Die Texte in der Kapelle sollen eine Mahnung für die Zukunft sein: *„Frühere Fehler dürfen nicht wiederholt werden. Vergeltung ist keine Liebe und Hass kein Boden, auf dem der Friede gedeihen kann.“*

Bild unten:
Die Schwarze Madonna in Remagen hinter schwarzen Gittern.

[2] *Grohs, Karlheinz: Die schwarze Madonna von Remagen – 1945: Kriegsgefangen am Rhein – Gedenken und Erinnerung," Remagen 1993*

5

3

„Ein Ort des Gotteslobs, wo Soldaten keinen Platz mehr hatten." Frühe Wallfahrt zum

SIEGBURGER ANNO-SCHREIN

SIEGBURG Ausgerechnet die Geschichte der Gründung des so bedeutsamen Benediktinerkloster ist nicht eindeutig historisch zu verifizieren. Es liegen zwar einerseits umfangreiche Urkunden vom Beginn des klösterlichen Lebens aus dem 12. Jh. z. B. für 1105 vor, aber es ist auch andererseits mehr als bekannt, dass die wichtigsten ältesten Urkunden des abteilichen Archives als sehr zielbewusste Fälschungen nachgewiesen wurden[1]. Kölns Erzbischof Anno II. lag in Fehde mit dem Pfalzgrafen Heinrich. Das Kloster wurde 1066 auf dem „Siegberg" veranlasst, Erzbischof Anno II. stellte damit sicher, dass der Berg nicht mehr als Festung genutzt werden konnte. Fortan erhielt er den Namen Michaelsberg. Anno II. in der Geschichtsschreibung als überzeugter Christ, und als kühler Politiker und Machtmensch. Er wusste um die „Pflege des Gotteslobs" für das Zusammenleben der Menschen und er benutzte klug die Chance des Einwirkens auf die Menschen durch ein Kloster. Der Kölner Erzbischof ließ die herausragende strategische Lage des Siegberges als militärischen Stützpunkt ausschalten, denn „wer da oben saß, dem war kaum beizukommen. Nur wenn Anno den Berg für alle Zeiten aus dem Tagesgeschäft von Eroberungen und Plünderungen herausnahm, konnte er diesen

[1] *Renard, Edmund: „Kunstdenkmäler des Siegkreises", Düsseldorf 1907; S. 228 ff.*

gefährlichen Punkt an der Flanke seines Erzbistums beseitigen."[2] Schon im 8. Jahrhundert wurde eine erste Burg auf dem Berg errichtet, deren Reste im Jahr 1948 entdeckt wurden, 1923 waren schon fränkische Bodengräber entdeckt worden. In der 2. Hälfte des 10. Jh. wechselte die Burg in den Machtbereich der lothringischen Pfalzgrafen. Pfalzgraf Heinrich Lothar benutzte die Siegburg um seine Macht in Richtung der damaligen „Reichshauptstadt" Aachen zu sichern. Erzbischof Anno II. gewann gegen den Pfalzgrafen und wandelte die Ritterburg 1064 in ein Kloster um. Auf seinen ausrücklichen Wunsch hin wurde Annos Leichnam nach seinem Tod in Köln im Jahr 1075 nach Siegburg geleitet und in der neuen Abteikirche beerdigt. Die Stätte ist in der Kirche durch eine Schieferplatte markiert, wo der Heilige inmitten des Kirchenschiffes nach seinem Tod begraben wurde. Dies war sein ausdrücklicher Wille. Er wollte so begraben werden, dass jeder Kirchenbesucher zu ihm kommen könne. Anno II. wurde sehr früh nach seinem Tode vor rund 825 Jahren im Jahr 1183 von der römischen Kirche heiliggesprochen.

Siegburg wird Wallfahrtsstätte

Nach der Heiligsprechung Annos II. wurde Siegburg im Hochmittelalter zu einer bedeutenden Wallfahrtsstätte in der Region. Von Wundern wurde berichtet, die sich an seinem Grab ereigneten. „In Rom zeigte man sich überrascht, dass aus Deutschland nicht nur Krieger, sondern plötzlich auch Heilige kommen sollten."[3] Das gesamte 12. Jh. wurde für Abtei und Stadt ein Zeitalter großer kultureller Blüte, der trotz vieler Kriege und Brandschatzungen immer noch bedeutende Siegburger Kirchenschatz beweist dies nachhaltig. Das kostbarste Kleinod der Benediktinerabtei ist der Schrein, in dem die Gebeine des Erzbischofs Anno ruhen. Noch während mit Rom um die Heiligsprechung gerungen wurde, entstand in Köln der Annoschrein in der Schule des berühmten Niko-

Bild folgende Doppelseite: Der Annoschrein ist der älteste und kostbarste Schrein des Siegburger Kirchenschatzes. Er misst eine Länge von 157 cm, eine Breite von 46 cm und eine Höhe von 78 cm und wurde zur Heiligsprechung Annos, die am 29. April 1183 erfolgte, angefertigt. Der Annoschrein steht seit 1955 in einer Kapelle der Abteikirche auf dem Michaelsberg. Ursprünglich befand er sich im Mittelschiff über der von Anno selbst bestimmten Grablege, aus der seine Gebeine 1183 erhoben worden waren.

[2] Korte-Böger, Andrea: „Oben auf dem Berg"; Siegburg 2008
[3] ebd.

Bild rechts:
Erzengel Michael steht auf einem der Sockel im Langhaus.

laus von Verdun. 1183 war das Meisterwerk fertig. Verdun schuf auch den Schrein der Heiligen Drei Könige. Meister Nikolaus war 1130 gebürtig in Verdun, war Goldschmied und Emailmaler. Zu seinen Werken gehört auch der Marienschrein in der Kirche Notre-Dame in Tournai und der dreiteilige Altar (Verduner Altar) des Stifts Klosterneuburg. Heute steht der Siegburger Annoschrein in der vom Baustil her romanischen Nikolauskapelle, nördlich von Turm gelegen. Die Abteikirche wurde um 1400 mit einem spätgotischen Chorbau versehen. Nachdem sie 1649 abbrannte, wurde sie 1667 im Barockstil mit gotischen Formen wieder aufgebaut. Das heutige Aussehen allerdings entsprecht dem von 1772, als nach erneutem Brand die Kirche erneut wieder hergestellt worden war. 1944 wurde die Abtei samt dem barocken Langhaus der Kirche bei einem Bombenangriff nahezu vollständig zerstört. Im März 1949 wurde die wiederhergestellte Krypta und 1953 die in schlichten, romanisierenden Formen wieder errichtete Abteikirche eingeweiht. In der Abtei sind auch die Kölner Erzbischöfe Hermann III. von Hochstaden, verstorben 1091 und der 1131 verstorbene Friedrich I. von Schwarzenburg bestattet. An den Säulen in der Abteikirche stehen 6 Heiligenfiguren auf kleinen Sockeln.
Der Chor ist gotisch. Die neuen Fenster wurden zwischen 1952-57 eingebaut. Erhalten blieb ein gotisches Kreuz aus dem 15. Jahrhundert.

Bild links:
Gotischer Chor. Die Fenster sind aus der Zeit 1952-57. Das gotische Kreuz aus dem 15. Jh. Das barocke Langhaus wurde bis 1953 in schlichten, romanisierenden Formen wiederaufgebaut.

Steckbrief

Wer den Turm besteigen will, was möglich ist, kann bis zum Kölner Dom blicken. Es gibt ein Abteimuseum. Öffnungszeiten und Einzelheiten aktuell im Internet. Zufahrt in der Stadt Siegburg ausgeschildert. Attraktiver Klosterladen mit berühmtem Siegburger Likör.
Im Kölner Museum Schnütgen, einer der bedeutenden Plätze für die Erforschung und Ausstellung mittelalterlicher Kunst in Europa, steht die „Siegburger Madonna", ein Fragment eines Abtsthrons aus der Benediktinerabteikirche St. Michael in Siegburg, gefertigt um 1150-60. Das Museum Schnütgen liegt in der Cäcilienstraße 29-33 in 50667 Köln.

5

4

Deutschlands älteste Marien-Wallfahrtskirche

steht in Bödingen (Hennef)

Hennef-Bödingen Zwischen Agger und Sieg, rund sechs Kilometer von der Stadtmitte Hennefs entfernt, liegt auf dem Bergrücken Nutscheid der Hennefer Ortsteil Bödingen. Der Ort steht unter Denkmalschutz. Bödingen ist zugleich der älteste Wallfahrtsort in Deutschland zu Maria als der schmerzhaften Mutter Gottes. Der hohe Schieferhelm des dreigeschossigen Westkirchenturmes ist der weithin sichtbare Fixpunkt in der Landschaft. Der Turm der Kirche kündet mit seiner Höhe von 43,5 Meter weithin von dem bekannten Wallfahrtsort. Die Kirche wurde von 1397 bis 1408 erbaut, ist aber nicht nur historisch bedeutsam, sondern nach wie vor das Ziel vieler Pilger. Fast täglich wandern heute noch Pilger den kilometerlangen Weg vom S-Bahn-Haltepunkt Blankenberg herauf. Das spätmittelalterliche Gnadenbild der „Schmerzhaften Gottesmutter" befindet sich seit 1750 in dem gut erhaltenen Altar des Querhauses.

Die Legende des Wallfahrtsortes

Die Marienfigur wurde wohl um 1350 in einer Kölner Werkstatt erstellt. Eine Schrift des Mönches Johannes Busch (1399-1479) berichtet, dass dem Einsiedler Christian von Lauthausen die Gottesmutter erschienen war und er die Gestalt seines Traumes als Ebenbild schnitzen ließ. Die Schnitzarbeit stellte Christian in einen Bildstock und schon bald kamen Nachbarn und stellten Kerzen davor. Schnell erwies sich dieses Vesperbild als wundertätig. Tag und Nacht brannte ein Licht davor. Manche Menschen übernachteten direkt am Bildstock, man brauchte einen Wetterschutz. Der Einsiedler begann mit dem Bau einer Kapelle, die der Legende nach jedoch immer wieder über Nacht einstürzte. Im Traum wurde Christian ermahnt, die Kapelle an einer anderen Stelle neu zu bauen. Dreimal wurde er aufgefordert, an der Wegkreuzung auf dem Berg eine Kirche zu bauen. Der Einsiedler packte das Vesperbild auf einen Esel, der bei Bödingen die Selbach-Schlucht hoch trabte und an einer Wegkreuzung auf dem Berge stehen blieb und sich nicht mehr rührte. Das war der Fingerzeig, die Mutter Gottes wollte hier ihre Verehrungsstätte haben. Der Geistinger Pfarrer Peter von Meisenbach erkannte das Potential, und betrieb ab 1397 den Bau einer Kirche. Zugleich erwarb er aus seinem privaten Vermögen eine Reihe von umliegenden Bauernhöfen, deren Ertrag Priesterstellen am angestrebten Wallfahrtsort finanzieren sollten. Pfarrer von Meisenbach beantragte beim Domkapitel in Köln einen Ablass und war bereit, eine Wallfahrtskirche zu bauen. Von Rom aus wurde Köln beauftragt, das Werk in Bödingen zu überwachen. Papst Bonifatius IX. erließ 1402 mehrere Ablässe „für die Kapelle der allerseligsten Jungfrau Maria in Bödingen". Bis 1408 war das Gotteshaus vollendet, 1411 erfolgte die Genehmigung von vier Priesterstellen durch den Papst. Es waren die beiden Neffen von Pastor Peter von Meisenbach, Walram von Meisenbach, vorher Vikar an der Siegburger Pfarrkirche und Andreas von Meisenbach, Kleriker der Erzdiözese Köln, sodann Gottschalk

Bild unten:
Die allerseligste Jungfrau Maria in der Pfarrkirche zu Bödingen.

Kirchengelände und Dorfkern sind als Denkmalbereich geschützt.

Bödingen, ältester deutscher Wallfahrtsort zu Maria als der schmerzhaften Mutter Gottes.

Boyhs und Johannes Kalt. Im Jahr 1412 erfolgte die kanonische Errichtung von Kirche und Priesterschaft. 1424 wurden Priestergemeinschaft und Kirche in ein Augustiner-Kloster umgewandelt. Waren die Lebensbedingungen der Mönche zu Beginn ärmlich, nahm der Klosterbesitz dennoch ständig zu und verhalf dem Kloster von Augustiner Chorherren, die teilweise aus Holland kamen, zu einem erheblichen Wachstum. Noch heute kann man die Bedeutung als Wallfahrtsort an den sternförmig auf die Kirche zulaufenden Stationswegen in der Landschaft ablesen. Die spätgotische Marien-Wallfahrtskirche „Schmerzhafte Gottesmutter" ist außerdem der Heiligen Dreifaltigkeit sowie den Hl. Drei Königen geweiht.

Bild oben:
Der Turm der Kirche kündet mit seiner Höhe von 43,5 Meter weithin den Wallfahrtsort, der heute noch viele Pilger anzieht.

BESCHREIBUNG

Querhaus und Chor der dreischiffigen Kirche wurden etwa hundert Jahre nach der Gründungszeit dem Ursprungsbauwerk hinzugefügt. Der bescheiden wirkende, aus Bruchstein gemauerte Unterbau besticht durch gute Proportion und klare Gliederung. Seine westliche Seite wird von einer hohen Spitzbogenblende eingenommen. Die Blende umschließt ein Doppelportal sowie darüber ein großes, vierbahniges Maßwerkfenster. Beide nehmen fast die ganze Höhe und Breite des Mittelschiffs im Innern ein. Alle Seiten der beiden oberen Turmgeschosse sind durch je zwei schmale Maßwerkfenster sicher gegliedert, im Mittelgeschoss als Blendfenster geschlossen, im obersten Geschoss als Schallfenster für die Glocken geöffnet. Die drei spätgotischen Kirchenschiffe, das Langhaus ebenso wie die beiden Seitenschiffe, haben eine einheitliche Gliederung, sind mit Kreuzrippen gewölbt und nahezu ohne bauplastischen Schmuck. Die glatten Hochwände des Mittelschiffs ruhen auf Spitzbogenarkaden mit ungegliederten Pfeilern, die Gewölbe auf glatten, eckig aus der Wand vorspringenden Vorlagen, die im unteren Teil mit den die Schiffe tragenden Pfeilern verschmelzen und ihnen damit die ungewöhnliche sechseckige Grundrissform verschaffen. Hier wird besonders deutlich, wie die einst vielfältigen bildhauerischen Formen der klassischen Gotik mit ihren Säulen, Diensten und Kapitellen nun, in der Spätgotik, zu einfachen stereometrischen Flächen und Kanten verschliffen sind. Die hochsitzenden, rundbogigen Obergadenfenster haben als Lichtquelle nur geringen Einfluss. In den beiden Westjochen haben die Seitenschiffe je ein mehrteiliges Fenster, aber mit neuem Maßwerk, hier saßen wohl früher Türen. Die großen Westfenster öffnen sich nahezu in der ganzen Breite und Höhe des Hauptschiffs dem Licht. Trotz seiner Schlichtheit im Ganzen wie im Detail ist das Innere des Bödinger Langhauses von großer Harmonie[1]. Mehrere aus dieser Kirche stammende neugotische Holzskulpturen wurden in den 1980er Jahren restauriert. Die vier 60 Zentimeter hohen Standfiguren des Augustinus, des Thomas von Aquin, des Antonius und des Karl Borromäus, waren in der Substanz noch gut erhalten. Im Sockelbereich waren die Polimentvergoldungen abgeplatzt. Risse und Fehlstellen wurden gekittet, retuschiert und mit Muschelgold verziert. Die 40 cm hohen Sitzfiguren der vier Evangelisten wurden wieder im Stil des 19. Jahrhunderts in Anlehnung an die Farben der anderen Figuren neu gefasst. Die 25 cm hohen Standfiguren von neun Aposteln waren original erhalten. Sie wurden gereinigt und aufgefrischt und mit Muschelgold ausgebessert[2].

Wallfahrtskirche hat enge Beziehungen zu Kloster Ehrenstein

Die Bödinger Wallfahrtskirche stand im späten Mittelalter in enger Beziehung zum Asbacher Land, auch wenn die Nachkriegslandesgrenzen zwischen Nordrhein-Westfalen und Rheinland-Pfalz dies nicht auf den ersten Blick vermuten lassen. Zwei neue Bücher

[1] *Vergl. a) Chronik der ehemaligen Augustiner-Chorherrenklosterkirche Bödingen. b) Vergl. auch Renard, Edmund: „Die Kunstdenkmäler des Siegkreises", Düsseldorf 1907; S. 31 ff.*
[2] *Spiegelhauer, D; in: Jahrbuch der Rheinischen Denkmalpflege, 1985, Bd.30-31;, S. 503*

mit sehr guten Karten können hier helfen. Zum einen hat Wilhelm Janssen einen geschichtlichen Atlas der Rheinlande herausgegeben und zum anderen Ulrike Holdt „Die Entwicklung des Territoriums Berg“ (Beiheft V/16). Ebenso wie wir in Süchterath auf ein Benefizium des Asbach-Ehrensteiner Ritters Bertram von Nesselrode treffen, begegnen wir in Hennef-Bödingen der Ehrensteiner Ritterfamilie. Einige Grabplatten schildern Teile der Familiensaga der in der Übergangszeit vom Mittelalter zur Neuzeit im Asbach-Hennefer Raum dominierenden Adelsfamilie der Ritter von Ehrenstein, gleich ob es sich die Familie des Bertram von Nesselrode des Älteren und der des jüngeren Bertram von Nesselrode handelt.

Ehrensteiner Ritter von Nesselrode wirkten auch in Bödingen

Dass die Bedeutung der Ehrensteiner Ritterfamilie von Nesselrode in der Zeitenwende vom 15. und 16. Jahrhundert eine ungleich bedeutendere Rolle spielte, als die bisherige Geschichtsschreibung sie aufgearbeitet hat, wird in Bödingen ebenso deutlich wie in Süchterscheid. Die Ehrensteiner Herren von Nesselrode besaßen eine Gruft in der Bödinger Kirche. Einer der Grabsteine enthält die Wappen derer von Nesselrode und Gehmen, des Johann von Nesselrode, der Landdrost[3] für die Herren von Berg war. Johann von Nesselrode starb 1498, seine Gattin schon 1496. Johann von Nesselrode war beispielsweise auch begütert in

[3] *Ein Drost kennzeichnet seit dem späten Mittelalter nicht nur am Niederrhein einen Beamten, der für einen Verwaltungsbezirk in militärischer, jurisdiktioneller und polizeilicher Beziehung die Stelle des Landesherrn vertrat. Die Funktion ist in etwa mit dem Amtmann oder Landrat vergleichbar. Die Drosten von Nesselrode waren im 14. Und 15. Jh. rittereben-bürtig*

der unmittelbaren Reichsherrschaft Landskron, die am Unterlauf der Ahr im Raum der Mündung in den Rhein lag.

An der Außenwand der Marienseite der Bödinger Kirche befinden sich die steinernen Stiftertafeln des Wilhelm und Bertram von Nesselrode. An den vier Ecken tragen sie die Wappen derer von Nesselrode; Wappen von Grafschaft, von Stein und von Sayn! Die größere misst 1,90 x 0,98 m und wurde von Bertram von Nesselrode (um 1435 - 1510) für seinen Vater Wilhelm von Nesselrode (1404 - 1474) in Auftrag gegeben. Die zweite Platte misst 1,62 x 0,78 m und wurde von Bertram von Nesselrode, der nicht identisch mit Bertram des Älteren ist, in Auftrag gegeben. Sie trägt oben das Nesselrod'sche Wappen. Diese beiden Inschrifttafeln und der sogenannte Steinsche Altar sind die letzten Überbleibsel von zahlreichen Hinweisen auf das Geschlecht der Herren von Nesselrode, Ritter, später Junker; seit 1652 Freiherren, seit 1702 Grafen.

STECKBRIEF

Bödingen liegt ca. 5,5 km östlich des Hennefer Stadtkerns auf einem Bergrücken. Ein alter Handelsweg von Köln über Siegburg führte über den Höhenrücken durch das Waldgebiet des Nutscheids weiter ins Siegerland, die sogenannte „Römerstraße". Die Wallfahrtskirche ist täglich geöffnet. Vor dem ummauerten Klosterbezirk mit der dominierenden Kirche, den ehemaligen Klostergebäuden, dem Klostergut und dem alten Friedhof hat Bödingen seinen dörflichen Charakter mit vielen denkmalwerten Fachwerkgebäuden bewahren können. Kirchengelände und Dorfkern sind als Denkmalbereich geschützt. Der Spaziergang auf einem historischen Wallfahrtsweg, zur Quelle eines besonderen Wassers sowie zu den ehemaligen Weinbergen führt durch die herrliche Kulturlandschaft um Bödingen. **Aktuelle Gottesdienste unter www.hennef-boedingen.de. Auskunft zur Wallfahrt im Pfarrbüro, An der Klostermauer 14, 53773 Hennef. Hennefs Verkehrslage ist optimal.**

In der Bödingens Wallfahrtskirche befindet sich u. a. die oben abgebildete Platte, gestiftet von Bertram von Nesselrode. Sie trägt vier Wappen. Oben links Nesselrode, unten links einen springenden Hirsch, das Wappen der (Stief-) Mutter Bertrams, Eva von Oetgenbach, oben rechts ein zerstörtes Wappen – es wird das Wappen seiner Frau Margarete von Etzbach gewesen sein. (Die neue Übermalung zum Wappen Nesselrode ist nicht richtig), unten rechts das Wappen der Merode, der Familie von Margaretes Mutter.

Der Text der Inschrift lautet:
„Im Jahr ons here MVC und XV, den XXV. Dach des Maintz July, hait D., erentveste und frome Bertram van Nesselrode, Erffait zu Bell, Amptmann zo Lulstorp, diesem Gotzhuse gegeven vunffzich Golt Gul-

den errflicher Renten syner und syner vor alderen zu Heil und Trost, dair vur sullen Prior und Convent dis Gotzhuys al Jaires up Dach sins Abstervens syn Jairgezide mit Missen, Vigilie, Commendatie, Geluchte und anderes goden Wercken halden und II Golt Gulden den Huys Armen spenden, dair zo alle Mayntz Gelycher Maissen syn Memorie halden und Eder Mails anderthalven Golt Gulden umb Gotz Wyllen geven vur syn, siner Huisfrauen und alderen Selen Selichheit zu ewigen Dagen."

(Quelle http://wiki-de.genealogy.net/Herrschaft_Ehrenstein)

Ritter von Nesselrode stiften Priesterlohn für Wallfahrtskapelle –

Gleich zwei Kapellen in Süchterscheid

Süchterscheid Über dem Siegtal liegt der Hennefer Ortsteil Süchterscheid mit seiner burgartig anmutenden Wallfahrtskirche „Zum Heiligen Kreuz". Die eigenartige, an eine mittelalterliche Festung erinnernde Form entstand erst in den 1950er Jahren nach Plänen des Architekten Robert Steinbach.
Seit 1977 pilgern jährlich im September die Ritter vom Heiligen Grab am Fest Kreuz Erhöhung[1] von Stadt Blankenberg zur Süchterscheider Heilig-Kreuz-Wallfahrtskirche und jährlich am Karfreitag treffen sich dort Männerprozessionen von Stadt Blankenberg und Uckerath.

Legende

In Süchterscheid hatte eine Frau, die Zwillinge geboren hatte, durch Errichtung eines Kreuzes und eines kleinen Bethauses ihre Kinder von einer Plage befreit. Bald baute man statt des Bethauses eine Wallfahrtskapelle, über der man oft vier Lichter strahlen sah, was den Zulauf noch vermehrte[2]. Der Vorgängerbau der Wallfahrtskirche zum Heiligen Kreuz wurde vermutlich im 12. oder 13. Jh. gestiftet als Dank für diese wundersame Krankenheilung. Schnell wurde die

[1] *Kreuzerhöhung fällt als christlicher Feiertag auf den 14. September*
[2] *Heusgen, Paul: „Die Verehrung des Heiligen Kreuzes in der Diözese Köln", Dorfchronik woenge.de*

Kapelle zu einem Wallfahrtsmittelpunkt. Der Glaube, dass persönliche Nähe zum dem Kreuz, an dem Jesus starb, garantierte Hilfe in einer schwierigen Lage bedeute oder dass man sich dadurch gar einen Platz im Himmel sichere, ist so alt, wie die Volksfrömmigkeit überhaupt. Vom heilbringenden und Leben spendenden „wahren Holz" einen Splitter zu besitzen, bedeutete nicht nur für die Menschen der Spätantike und des Mittelalters höchstes Glück. Die christliche Legende berichtet, Kaiserin Helena, Mutter des römischen Kaisers Konstantin habe das Kreuz Christi im vierten Jahrhundert nach Christi Geburt in Israel bergen lassen.

Auf den 14. September 320 ist die Auffindung des heiligen Kreuzes im Beisein der Kaiserin datiert. Das Kreuz habe unter den Trümmern eines Venustempels, den die Heiden zur Verspottung des Christentums auf Golgatha erbaut hatten, gelegen. Seither wurden unendlich viele Kleinstsplitter, oft mit einer Echtheitsbescheinigung des Vatikans versehen, von diesem Kreuz verbreitet, ein Kreuzpartikel gehört sogar zu den Reichskleinodien. Und seitdem werden in tausenden christlichen Kirchen Kreuzpartikel aufbewahrt, teilweise in wertvollen Monstranzen.

Bild unten:
Kreuzpartikel aus der Heilig-Kreuz-Reliquie der Wallfahrtskirche Leutesdorf/Rhein

Kleine Marienkapelle an der Ostseite

An der Ostseite der Heilig Kreuz Wallfahrtskirche vor der großen Fensterwand steht die kleine Marienkapelle, die bei der großen Neubaumaßnahme 1957 ihren alten Standort behielt. Sie wird auch „Blankenberger Kapelle" genannt, weil der Blankenberger Pfarrer Johann Theodor Berenklau diese Kapelle 1681 errichtet oder aber umgebaut habe[3]. Die Kapelle hat ein quadratisches Maß von vier Metern mit einem siebenseitig gebrochenen Chor. Das Mauerwerk aus Grauwacke ist weiß geschlämmt. Im Innern steht ein Vesperbild. Diese Pieta dürfte um 1460/70 von einem einfachen Bildschnitzer geschaffen worden sein. Beachtenswert ist die kunstvoll gearbeitete, doppelflügelige schmiedeeiserne Gittertür, gefertigt von Toni

[3] *Vergl. Inschrift über der Eingangstür der Kapelle*

Stöcker (Süchterscheid), der ebenfalls die schmiedeeisernen Kerzenständer und Amben in der Wallfahrtskirche herstellte. An der Außenwand des Chors ist die die XIV. Station des Kreuzwegs von Uckerath angebracht.

Kreuzkapelle als Vorgängerbau

Bild oben:
Das derzeitige Oberhaupt der Nesselrode-Ehrensteiner Linie, Graf Hubertus von Nesselrode mit Ehefrau Leonie.

Die Gnadenstätte erreichte dann überörtliche Bedeutung, weil stets ein Priester anwesend war. Der in der Verbandsgemeinde Asbach durch die Ehrensteiner Armenstiftung nachgewiesene Ritter Bertram von Nesselrode, Herr zu Ehrenstein[4] stiftete am 21.09.1506 auch für Süchterscheid ein Benefizium. Er finanzierte damit das Einkommen eines ständig anwesenden Priesters. Hierdurch kam es zur Anstellung eines Priesters an der Kreuzkapelle. Süchterscheid wurde Wallfahrtsort, worauf auch der Kreuzweg von Uckerath nach Süchterscheid und die Stationshäuschen mit den Bildern der schmerzhaften Mutter von Blankenberg nach Süchterscheid hinweisen. Die Kreuzkapelle wurde 1730 durch einen Anbau am Langhaus vergrößert. Eine abermalige Erweiterung erfuhr sie 1932. In den letzten Kriegstagen im März 1945 kam es zu schweren Beschädigungen der Kapelle. Die erfolgten Reparaturen reichten bald nicht mehr für die neuen Erfordernisse. Das Erzbistum Köln übertrug Professor Rudolf Steinbach (Aachen) die Planung einer neuen Kirche. 1957 wurde die alte Kreuzkapelle zum großen Teil niedergelegt und mit dem Neubau begonnen. Reste der alten Kapelle wurden als selbständiger Bauteil im Untergeschoss des Turmes verwendet. Der

[4] *Nesselrode, Leonie Gräfin von: „Die Chorfenster von Ehrenstein", Köln 2008*

Bilder oben und rechts: Die Kirche hat eine eigenartige Bauform, zwei parabelförmige mächtige Bruchsteinmauern begrenzen den Raum nach Süden, Westen und Norden. Gegen Osten umfasst der Kirchturm die Apsis der alten Kreuzkapelle, und anschließend zieht sich eine riesige, leicht eingezogen geschwungene, vielteilig unregelmäßig gegliederte Fensterwand bis zum Anfang der Südschale. In einer Nische der Ostseite steht ein hölzernes Missionskreuz aus dem Jahr 1724. Der Tabernakel steht im Chor der früheren Kreuzkapelle, die in den Kirchenneubau einbezogen wurde.

Bilder oben und rechts:
„Wer Glocken gießt, muss wissen, dass er für Jahrhunderte arbeitet."
Foto einer Führung durch die Glockengießerei Mark in Brockscheid/ Eifel.

Tabernakel steht im Chor der früheren Kreuzkapelle, die in den Kirchenneubau einbezogen wurde. In dieser Kapelle wird auch die Reliquie vom Kreuz Christi aufbewahrt. Das Kreuzgewölbe der alten Kreuzkapelle kann von den Besuchern des Kirchenschiffes nicht eingesehen werden. Mit der Verglasung der großen Fensterwand an der Ostseite der Kirche endeten die Arbeiten nach achtjähriger Bauzeit 1965. Die Kirche hat eine eigenartige Bauform, zwei parabelförmige mächtige Bruchsteinmauern begrenzen den Raum nach Süden, Westen und Norden. Gegen Osten umfasst der Kirchturm die Apsis der alten Kreuzkapelle, und anschließend zieht sich eine riesige, leicht eingezogen geschwungene, vielteilig unregelmäßig gegliederte Fensterwand bis zum Anfang der Südschale. In einer Nische der Ostseite steht ein hölzernes Missionskreuz aus dem Jahr 1724. „Die weißgetünchten Bruchsteinwände im Innern wirken wie zwei gewaltige Hände, die den Raum gegen den Straßenlärm abschirmen." Tageslicht findet hauptsächlich über die bunte Prismenwand im Osten Einlass. Zwölf Weihekreuze auf runden Marmordübeln mit darüber befindlichen Weihekerzen sind in angemessenen Abständen an den Wänden verteilt. Der Boden ist mit Natursteinplatten aus norwegischem Glimmerschiefer belegt. Eine einzigartige Kassettenbetondecke bestehend aus einer Unzahl von meist unregelmäßigen Quadraten und einzelnen Dreiecksformen beherrscht den gesamten Kirchenraum. Der Altarblock wurde aus grünlichem Naturstein geschaffen. Über dem Altar schwebt ein Kreuz aus einer 7000 Jahre alten Mooreiche. [Gerhard Bücker, Vellern]. Bücker restaurierte auch die Barockfiguren des heiligen Bernhard und des heiligen Nepomuk, die auf Wandkonsolen vor dem Chor stehen[5]. Bischof Victorinus Kong Hi Youn aus Korea benedizierte die Kirche am 19.12.1965, während Kölns Weihbischof Dr. Klaus Dick die Kirche auf den Titel „Heilig Kreuz" am 15.09.1979 konsekrierte. Seitdem ruhen in der Altarplatte Reliquien vom Kölner Märtyrerbischof Engelbert von Berg. 1987 wurde das gesamte Bruchsteinmauerwerk neu ver-

[5] *Post, Bernd: www.geocaching.com/seek/cache, 14.Juni 2009*

fugt. (Kosten nahezu 1,9 Mio. DM). Eine der vier Glocken stammt aus dem Jahr 1643, sie überstand die Kriegswirren 1945. Die drei anderen Glocken goss die Firma Mark aus Brockscheid in der Eifel.

STECKBRIEF

Süchterscheid ist ein Ortsteil der Stadt Hennef (ehemals Uckerath). Süchterscheid besitzt eine Wallfahrtskirche in der Ortsmitte, Kreuzung von **L 268** und **K 19**. 1506 stiftete Bertram von Nesselrode, Herr zu Ehrenstein, Ritter und Erbmarschall des Landes Berg, der Kapelle „Zum Heiligen Kreuz" ein Benefiztum, darunter ein neues Haus und Grundbesitz. 1957 begann der Kapellenbauverein mit Arbeiten zu der heutigen Kirche, die die im Krieg beschädigte Kapelle ersetzte.
Männerprozession an Karfreitag, und am 14. September zum Fest „Kreuzerhöhung" Wallfahrt mit dem „Ritterorden vom Hl. Grab" von Stadt Blankenberg nach Süchterscheid.

Hochzeitsgabe der Agnes von Saffenberg war eine Reliquie –

Die Macht der Sayner Grafen wuchs

Merten (Eitorf) Auffällig erheben sich auf einem flachen Hügel über dem Siegtal die ungleich hohen Doppeltürme von der Stiftskirche St. Agnes, einer romanischen, flachgedeckte Basilika aus dem späten 12. Jahrhundert. Die Doppeltürme, der bedeutendste Bauteil der ehemaligen Klosterkirche der Augustinerinnen beherrschen die Höhe über dem Siegtal. Sie sind schon von weitem zu sehen. St. Agnes verkörpert den Typus der frühstaufischen Baukunst im Rheinland. Es ist eine dreischiffige, flachgedeckte Basilika mit drei Apsiden. Etwa 35 Meter lang und 16,50 Meter breit. Die Fassade wurde mit Trachyt, Wolsdorfer Stein und Tuff in den gegliederten Teilen gemauert und auf Grauwacke und Tuff in den Mauerflächen gestellt. Im Obergeschoss wurde ein großes Viereckfenster in kreisförmiger Einfassung gemauert. In den Seitenschiffen und im Obergaden sind je 6 Rundbogenfenster. Neben der großen Agneskirche mit den ungleichen Doppeltürmen ist heute noch der Süd- und Ostflügel aus dem Mittelalter erhalten.

Reliquie der Heiligen Agnes vom Totenacker am St. Ursulastift[1]

Es gibt zwei Hinweise auf die Gründung des Klosterstifts St. Agnes. Eine Interpretation unterstellt, dass die Niederbreitbacher Gräfin und thüringische Erbtochter

Mathilde oder Mechthild von Sayn[2] die Kirche und das Kloster Merten gestiftet habe. In einer Urkunde für Otto von Kappenstein und seine Gattin Kunigunde aus dem Jahre 1217 wird diese Klostergründung jedenfalls erwähnt. Zum anderen weist Historiker Gabriel Busch[3] auf Agnes von Saffenberg als Stifterin des Klosters hin, aber auch dann wäre die Grafenfamilie von Sayn[4] unmittelbar beteiligt. Damit fällt die Stiftung des Klosters durch das Grafenehepaar von Heinrich II. von Sayn[5] in den Zeitraum 1160-1180. Agnes wurde um 1155 als Tochter des Kölner Domvogtes und Adligen Hermann von Saffenberg geboren. Bei ihrer Eheschließung mit Heinrich II. von Sayn wird der Agnes von Saffenberg eine Reliquie der Heiligen Agnes vom Totenacker am St. Ursulastift in Köln geschenkt. Das Ehepaar Agnes und Heinrich II. von Sayn baute in Merten das „Agnesheiligtum", eine Kirche zur Aufbewahrung der Agnesreliquie. Kloster Merten befindet sich ganz in der Nähe des Saynschen Eigentums, des Kleinstaates Stadt Blankenberg.

Zur seelsorgerischen Betreuung der Kirche St. Agnes stiftete das Ehepaar Heinrich von Sayn II. und Agnes dem Augustinerinnenorden ein Kloster nebst den dazu notwendigen Bauernhöfen zur Ernährung und Unterhaltung der Bewohnerinnen. Im Jahre 1202 gab König Otto IV. dem Grafen Heinrich II. von Sayn im Hinblick auf die treuen Verdienste des Vaters Heinrichs I. im Ahrtal die Hälfte der Burg Saffenburg mit dem Dorfe Bo-

Die Grafen von Sayn erweiterten Besitz und Ansehen durch die Verbindung mit anderen adeligen Häusern. So heiratete Heinrich II. von Sayn die Jungfrau Agnes von Saffenberg. Mit dieser Heirat erhielt er das Amt eines Schirmvogts des Kölner Doms und die Hälfte der Grafschaft Saffenberg.

[1] *In der Stadt Köln wurde im Rahmen der Stadterweiterung ein Teil der alten Stadtmauer abgerissen. Dabei wurde ein römisches Gräberfeld gefunden, auf dem das Kölner Kloster St. Ursula errichtet worden war. Sofort erhielt die Legende um die jungfräulichen Märtyrerinnen um Ursula neue Nahrung. Ursula als Anführerin der Märtyrer-Jungfrauen der frühen Christenzeit geriet in dem Mittelpunkt der Verehrung. Dabei bezieht sich der Name Ursula offenbar auf einem im Umfeld der Kirche gefundenen Grabstein einer Achtjährigen aus dem 4./5. Jahrhunderts.*

[2] *Nach der um 1000 n.Chr. erbauten Burg Sayn bei Bendorf nannte sich das Grafengeschlecht, das seit 1139 urkundlich belegt ist. Die Grafen von Sayn erwarben nach und nach Güter im Westerwald, an der Sieg und am Niederrhein. Die Grafschaft Sayn ist anfangs kein feststehendes Territorium, sondern eine Ansammlung von Rechten und Lehen der Adelsfamilie Sayn. Erst die Heirat von Heinrich II. mit Agnes von Saffenberg (um 1173) und die spätere Heirat von Heinrich III. mit der thüringischen Erbtochter Mechthild von Landsberg brachte der Familie Sayn beträchtliche Zuwächse an Besitzungen. Die ältere Linie der Grafen von Sayn starb dann 1246 mit dem Tode von Heinrich III. in der Silvesternacht zu 1247 aus.*

[3] *Busch, Gabriel: "Alte Kirchen um den Michaelsberg", Siegburg 1986, S. 186 ff.*

[4] *1139 werden als erste Eberhard I. von Sayn und Heinrich I. von Sayn erwähnt. Die beiden Brüder belagerten die Grafschaft Bonn und besiegten Albert von Molbach. 1147 stand Graf Heinrich I. von Sayn unter König Konrad im Reichsdienst. Zwischen den Jahren 1150 bis 1181 wurde ihre Burg Blankenberg erbaut. Die Befestigung über der Sieg versetzte die Grafen von Sayn in die Lage, die Zugänge zum Siegtal und ins Bergische Land sowie auf den Westerwald zu beherrschen.*

Die ungleich hohen Doppeltürme der Stiftskirche St. Agnes.

Gemälde in der Kirche: Agnes von Rom wird in der katholischen Kirche als Schutzpatronin der Jungfrauen, Verlobten und der Keuschheit sowie als Märtyrin und Heilige verehrt.

dendorf (heute Bad Neuenahr) zu Lehen, wie es vorher Albert von Saffenburg vom König innehatte. So wurden die Sayner also nach den Saffenburgern die neuen Landesherren von Bodendorf. Im Kölner Raum besaß das Kloster im Mittelalter hohes Ansehen wegen seiner zahlreichen Reliquien. Das Stift war daher über viele Jahre ein beliebter Wallfahrtsort. Die Ausstattung der Kirche erlitt allerdings wiederholt im Verlauf der Jahrhunderte durch Raub und Krieg erhebliche Verluste. Die Reliquien gingen verloren, die Bedeutung als Wallfahrtsort tendierte rückläufig. 1699 wurde die Anlage samt Klosterkirche durch Brand zerstört. Die romanische Kirche wurde danach barock eingerichtet. 1791 wurde der Südflügel des Klosters neu errichtet, der Westflügel verfiel. 1803 wurde das Klostergelände im Rahmen der Säkularisation veräußert, der Westflügel des Klosters endgültig niedergelegt. Die Kirche St. Agnes wurde 1823 der örtlichen Pfarrei als „Dorfkirche“ überlassen. Im Kriegsjahr 1945 wurde die Kirche stark beschädigt. Eine weitere Restaurierung 1950 gab der Kirche ihren romanischen Urzustand zurück.

Im südlichen Nebenchor blieb das Taufbecken (Piscina) aus einer Säule mit einem Würfelkapitell erhalten. Sehenswert sind die holzgeschnitzten farbigen Heiligenfiguren aus dem frühen 18. Jahrhundert, eine Mutter-Gottes-Statue aus der Zeit um 1700 sowie eine silberne (z. T. vergoldete) Sonnenmonstranz und ein Kelch aus der Goldschmiede des Kölner Conrad Frings (um 1730).

Alte Pilgerwege neu kartieren

Schon im Jahr 1860 wurde der Mittellauf der Sieg stark begradigt und mit der Sprengung zahlreicher Brücken in den letzten Kriegstagen des II. Weltkrieg im März 1945 wurden weitere zahlreiche traditionellen Verkehrswege im Siegtal auf lange Zeit zerstört. Wenn wir uns auf mittelalterlichen Wegen bewegen, sollten wir uns daher immer den Verlauf der Sieg, der sich oft noch in den Altarmen widerspiegelt vor Augen halten.

Bild oben:
Die Pfarrkirche in Merten mit der Orangerie im Hintergrund.

In Vergessenheit geraten sind mittlerweile einige der Pilgerwanderwege, die die Pilgerstätten in der Stadt Blankenberg, zum Agnesheiligtum der Klosterkirche in Merten oder in Süchterscheid umfassten. Wer in Merten den Weg zur historischen St. Agneskirche sucht, sollte nach Schloss Merten fragen, denn das ehemalige Augustinerinnenkloster wird im Volksmund Schloss Merten genannt. Das Kloster wurde von der benachbarten Burg aus gegründet.

Klostermauer noch erhalten

Zur Gesamtanlage gehört auch ein kleiner neobarocker Schloßbau, die so genannte „Orangerie", den die Grafen Droste zu Vischering von Nesselrode-Reichenstein nach Erwerb der Klostergebäude um 1909 errichtet haben. Neben den Gebäuden des Schlosses steht die ehemalige Klosterkirche. Die gesamte Anlage ist von einer Mauer umgeben und beherbergt heute unter anderem ein Alten- und Pflegeheim.

Steckbrief

St. Agnes Merten war ab 1823 eine eigene Kirchengemeinde mit eigenem Seelsorger, ist aber der Pfarrgemeinde St. Patricius Eitorf angegliedert. Das Kloster Merten war ein Kloster der Augustiner-Eremitinnen in Merten. Es war eng verknüpft mit dem Kloster Herchen. 1582 wurde das Zisterzienserkloster Herchen neben hohen Schulden aufgrund der Kriegskosten außerdem von einer Seuche heimgesucht, die nur zwei Laienschwestern überlebten. Daraufhin wurde das Kloster mit dem Kloster Merten zusammengelegt, hierzu gehörten auch die Besitzungen Weierhof oder Habichtshof bei Eitorf. Die Gesamtanlage beherbergt heute ein Alten- und Pflegeheim, wobei die Außenanlagen für die Öffentlichkeit frei zugänglich sind. Sehenswert sind der Innenhof mit Teichanlage, die Orangerie, das Herrenhaus sowie die wiederhergestellte bzw. neu angelegte Parkanlage.
53783 Schloss Merten mit Kirche St. Agnes Schloßstraße,
Tel.: (0 22 43) 84 03 44.
Verkehrstechnisch liegt Merten vermeintlich abgeschieden, ist über eine Siegbrücke aber in weniger als 500 m an die Siegtalstrecke L 333 angebunden. Im ÖPNV liegt Merten an der Siegstrecke der Deutschen Bahn und besitzt einen eigenen S-Bahn-Haltepunkt.

5

7

Wunder der heiligen Adelheid ließ

Pützchens Markt entstehen

Beuel Millionen Deutsche kennen „Pützchens Markt“, das umsatzstärkste 5-Tage-Volkfest im Rheinland. Nur wenige wissen, dass der Jahrmarkt seinen Ursprung in einem Wunder der Heiligen Adelheid von Vilich seine Wurzeln hat. Adelheid (960 - 1015) Äbtissin des Klosterstiftes Vilich, verteilte während einer Hungersnot Gaben an die hungernden Menschen in den Rheindörfern um das Kloster Vilich. Tatsächlich war ab dem 9. Jahrhundert die Bevölkerungskurve links und rechts des Rheins langsam angestiegen. Immer mehr Menschen mussten mit Nahrungsmitteln versorgt werden. Die damalige Landwirtschaft war dazu kaum in der Lage. Bis ins 14. Jh. war die Landwirtschaft in ihren Methoden so unterentwickelt, dass bei einem Ernteausfall durch Witterung oder Krieg oftmals direkt Hunger drohte. Nahezu alle 12-15 Jahre gab es Hungersnöte in Mitteleuropa. Chroniken berichten, dass in den Hungerjahren sogar Gras und Wasserpflanzen in der Not gegessen wurden und selbst der Kannibalismus aufgrund des Hungers an einigen Orten um sich griff.

Die Bauern in Pützchen flehten der Legende nach die Äbtissin Adelheid an, den Ackerboden von der Trockenheit zu befreien. Adelheid sandte Stoßgebete zum Himmel und stieß zur Untermalung ihrer Gebete ihren Wanderstab fest in den Boden. Da schoss ein Wasserstrahl[1] aus dem Boden hoch. An jener Stelle, wo ihr Stab

im Erdboden versank, entsprang der Legende nach eine Quelle: Das „Wunder" von Pützchen. Die Quelle wurde schnell als „Pütz", als Brunnen gefasst. Der Brunnen erhielt den Namen „Adelheidispütz". Im rheinischen Dialekt war aus dem römisch-lateinischen Wort „Puteus" das Wort „Pütz" oder „Pützchen" für Brunnen geworden. Wenige Jahre nach Adelheids Tod im Jahr 1015 entwickelte sich eine Wallfahrt zum Adelheidisbrunnen. Wissenschaftliche Untersuchungen haben ergeben, dass das Beueler „Brönnsches Wasser" alaunhaltig ist, und Augenleiden zu lindern vermag. Damit waren alle Voraussetzungen für Wunderheilungen gegeben. Direkt neben dem Wunderquell wurde nach dem dreißigjährigen Krieg eine kleine Kapelle zu Ehren der Heiligen Adelheid errichtet, die bis heute ein bekannter Wallfahrtsort geblieben ist. Daneben wurde das Karmeliterkloster in Pützchen errichtet.

Bild oben:
Am Brunnen in Pützchen ist nach dem Dreißigjährigen Krieg eine kleine Kapelle zu Ehren der Heiligen Adelheid errichtet worden. In der Woche vor dem Jahrmarkt ist diese für Pilger geöffnet. Die meisten Pilger benetzen ihre Augen mit dem Wasser des Brunnens und tragen ihre Sorgen und Wünsche der heiligen Adelheid vor. Die Gemeinde erinnert vor dem Jahrmarkt an die Heilige Adelheid.

Geschäftstüchtige Mönche

Pützchens Markt, erstmals erwähnt 1367, war mit der Wunderquelle geboren. Das ganze Jahr über kamen Heilung Suchende zum Brunnenwasser nach Pützchen. Pilger aber gingen nach Vilich zum Grab der heiligen Adelheid. Händler und Wirtsleute hatten ihr Auskommen. Das große Volksfest in Pützchen aber entstand erst nach dem Truchsessischen Krieg Ende des 17. Jh.. In diesem Krieg wurde das Adelheidisgrab in Vilich zerstört und die Wallfahrten gingen vermehrt zum Brunnen nach Pützchen zu der Quelle, die Adelheid bei einer großen Dürre entdeckt haben soll. Ende des 17. Jahrhunderts übernahmen Karmelitermönche die Betreuung der Wallfahrt und riefen das große

[1] *Bekannt ist, dass Adelheid an einer Kölner Klosterschule, an der auch byzantinische Wissenschaftler lehrten, ausgebildet wurde. Möglich ist, dass die gebildete Nonne ihr naturwissenschaftliches Wissen ganz bewusst einsetzte und im Gelände des Ennerthanges bei Pützchen nach Wasser suchen ließ. Sie ahnte, dass sich Wasser von den Ennerthängen über der Tonschicht des Pützchener Bodens gesammelt haben könnte.*

Bild oben:
Das Innere der Adelheidis-Kapelle in Pützchen.

Wallfahrtsfest im September ins Leben. Händler boten den Wallfahrern ihre Waren feil, Gaukler unterhielten ihr Publikum. Im Verlauf des 19. Jahrhunderts entwickelte sich der mit der Wallfahrt verbundene Pützchens Markt zu einem schaustellerisch geprägten Vergnügungsfest. Heutzutage kommen zum Pützchens Markt über eine Million Besucher.

Kirche in Pützchen

In Pützchen stehen die Adelheidiskapelle und die katholische Pfarrkirche. Die ehemalige Karmeliter-Klosterkirche wurde 1724 vollendet. Die Klosterkirche brannte durch Kriegseinwirkungen 1942 bis auf die Umfassungsmauern nieder. Der Wiederaufbau der ehemaligen Barockkirche dauerte bis zum Jahr 1955.

Karmeliterklostergebäude

Die Karmeliterklostergebäude waren mit der Säkularisation 1803 aufgelöst und um 1840 zu einer Strafgefangenenanstalt für „Deternierte“[2] umgewandelt worden. Sinn der Anstalt war es, Frauen, die sich der Prostitution schuldig gemacht hatten, nach ab-

[2] *Detinierte = Menschen, die durch einen Aufenthalt in einer Straf- oder Arbeitsanstalt wieder an das normale Leben gewöhnt werden müssen.*

gebüßter Strafe so lange dort unterzubringen, bis sie wieder die Lust und die Möglichkeit zu einer anständigen Arbeit hätten. 1920 kamen die Gebäude an die Ordens-Frauen von Sacré Coeur, sie richteten im Klostergebäude ein Pensionat mit Lyzeum ein. Am 16. März 1926 übernahmen die „Unbeschuhten Karmelitinnen" von Köln das alte Klostergebäude. Von da an diente das Gebäude dem Karmel St. Joseph. Heute befindet sich in seinen Mauern das Adelheidis-Mädchen-Gymnasium.

STECKBRIEF

Am Wallfahrtssonntag, immer im September, erreichen zahlreiche Prozessionen von fern und nah Bonn-Beuel-Pützchen. Eigene Abfahrt an der Bundesautobahn Köln-Frankfurt. Beuel liegt rechtsrheinisch. Zum Abschluss der Oktav zieht man bei Anbruch der Dämmerung in einer feierlichen Lichterprozession mit den Reliquien der Hl. Adelheid um den Adelheidisplatz, dessen Zentrum das nunmehr seit eintausend Jahren sprudelnde Pützchen ist.

Kath. Pfarramt Beuel-Pützchen St. Adelheid, Karmeliterstr. 6, 53229 Bonn.

Im Jahr 1920 eröffneten die Ordensfrauen von Sacré Coeur im ehemaligen Karmeliterkloster neben der Pfarrkirche eine Mädchenschule mit Internat. Das St. Adelheid Gymnasium zog im Jahr 1925 in den Neubau an der Pützchens Chaussee. Bereits unmittelbar nach ihrem Tod im Jahre 1015 wurde Sankt Adelheid, die Gründungsäbtissin des Benediktinerinnen-Klosters von Vilich, als Heilige verehrt. Die Kirche des Benediktinerinnen-Klosters der Heiligen Adelheid. (Adelheids Grabeskirche; Pfarrkirche St. Peter) steht in Vilich. In Pützchen sprudelt Adelheids Wunderquell.

Bonner Stadtpatronin Adelheid leitete

DAS VILICHER KLOSTER

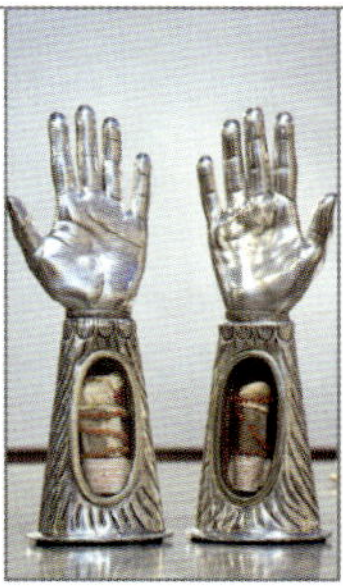

BONN Die Vilicher Pfarrkirche St. Peter ist nicht nur reich an Reliquiaren, sie ist zugleich eine der ältesten rechtsrheinischen Pfarreien und ihr Pastorat gehört zu den ältesten weltlichen (profanen) Bauten der gesamten Großstadt Bonn. 942 n. Chr. hielt sich Kaiser Otto I. in Vilich auf. Der lothringische Adlige Megingoz und seine Ehefrau Gerberga gründeten 977/87 hier das Vilicher Frauenkloster, Vorläufer der heutigen Pfarrei St. Peter. Das Vilicher Frauenkloster wurde zusätzlich vom deutschen Königtum stark gefördert und mit Reliquien ausgestattet. Ähnlich der Reliquienverehrungen im Aachener Kornelimünster[1] wurden in Vilich zunächst der heilige Cornelius[2] und Zyprian verehrt. Schon vor dem Jahr 1000 setzte die Wallfahrt zum Heiligen Cornelius nach Vilich ein. Mit Adelheids Tod entweder 1008 oder 1021 in Köln entstand erst die Wallfahrt zur Adelheid nach Vilich, obwohl sie erst 1999 von Papst Paul VI. heiliggesprochen wurde.

KORNELIMÜNSTER

Der Cornelius-Kult nördlich der Alpen hatte schon früher mit dem 9. Jh. eingesetzt. Populär in Köln ist die

[1] *Löhr, Hermann-Joseph: „Versteckte Geheimnisse links und rechts des Eifelsteigs von Aachen bis Trier", darin Kornelimünster, Düren 2009*

[2] *Der heilige Cornelius war 21. Papst der römisch-katholischen Kirche. Er lebte im 3. Jh. während der Christenverfolgung. Die Verehrung der Reliquien führte in Aachen für das Kloster Inde zum späteren Namen „Kornelimünster".*

„montägliche Hörnchensmesse“ in St. Severin. Auch die dortige Kirche verehrt die Heiligen Cornelius und Cyprian. Das Kloster an der Inde erhielt unter Karl der Kahle, jüngster Sohn Ludwigs des Frommen, um 880 neue Reliquien. Bei seiner Krönung 875 in Rom soll Papst Johannes VIII. ihm Gebeine des Heiligen Cornelius geschenkt haben. Die Gründe für die damalige große Popularität des heiligen Cornelius sind nicht ganz eindeutig überliefert. Cornelius, Papst im 3. Jh. stand in hohem Ansehen. Kaiser Karl der Kahle brachte die Reliquien, Schädeldecke und Gebeine des Heiligen, nach seiner Kaiserkrönung zuerst nach Compiègne (bei Paris) zur Ausstattung einer vom ihm dort veranlassten Klostergründung. Im selben Jahr soll er aus dem Aachener Domschatz einen Teil des Schleiers der Gottesmutter Maria sowie aus dem Erlöserkloster an der Inde die Hälfte des dort verwahrten halben Grabtuches mit nach Compiègne genommen haben. Als Gegenleistung soll Karl der Kahle dem Erlöserkloster an der Inde einige bedeutende Reliquien aus dem Geschenk des Papstes Johannes an ihn überlassen haben, nämlich Schädeldecke und rechter Armknochen des Papstes Cornelius. Darüber hinaus stiftete Karl der Kahle ein Stück der Schädeldecke des Hl. Cyprian. Mit der Übergabe von Schädel und rechtem Arm des Cornelius waren nach damaliger Auffassung die wichtigsten Teile der Gebeine an das Kloster an der Inde übergegangen. Wie nun Teile der Gebeine dieser beiden Heiligen 977 nach Vilich kamen, ob von Köln aus oder von Aachen-Kornelimünster, muss noch dargestellt werden.

Bild unten:
Die vergoldete Bronzebüste der Adelheid in der Kirche St. Peter in Vilich.

Kurz vor 1700 entsteht der große Westturm, bis heute Wahrzeichen von Vilich.

Bild oben:
Ursprünglich ruhten ihre Gebeine in der Stiftskirche von Vilich, sie gingen jedoch wahrscheinlich schon im Mittelalter verloren. Ihr Sarkophag ist leer.

Grab der Heiligen Adelheid neuer Wallfahrtsgrund

Megingoz und Gerberga stifteten nach dem Tod ihres Sohnes dessen Erbteil für den Ausbau des Frauenkonvents. Unter der Leitung der ersten Äbtissin, der Stiftertochter Adelheid, wurde das Kloster geistliches und kulturelles Zentrum in der Region. Adelheid versuchte die Regel des Benedikts im Klosterleben einzuführen, konnte sie aber nicht dauerhaft durchsetzen. Adelheid wurde nach ihrem Tod 1015 in Vilich beigesetzt. Krankenheilungen an ihrem Grab zogen immer mehr Hilfsbedürftige an. Viele Menschen berichten von zahlreichen spontanen Heilungen. Ein Blinder konnte plötzlich wieder sehen, Lahme konnten wieder gehen. Vilich wurde ein vielbesuchter Wallfahrtsort. Schon Mitte des 11. Jh. wird die Schrift „Vita Adelheidis"[3] verfasst und machte Vilich bald äußerst populär. Das Buch zählt zahlreiche Wunder auf. Ihre Attribute sind Brot und Stab, sie ist Patronin gegen Augenleiden. In vielen Klosterstuben wurde die Schrift abgeschrieben und so verbreitet. Kloster Vilich gelangte in den Einfluss der Kölner Erzbischöfe und blieb beim Erzbistum bis zur Säkularisation 1803, obwohl die Region staatlich zum Herzogtum Berg (Hauptstadt Düsseldorf) gehörte. Im Dreißigjährigen Krieg fielen schwedische Truppen in die Kirche und ins Kloster ein und raubten was nicht niet- und na-

[3] Piesik Heinz: „Vita Adelheidis – das Leben der Hl. Adelheid von Vilich"; Bonn 2003
[4] Vergl. Abschnitt

gelfest war. Das Grab der Heiligen Adelheidis wurde geschändet und geplündert. Der Verlust der Adelheidisreliquien führte im 17. Jahrhundert die Wallfahrer zunehmend nach Pützchen[4]. Zu der Quelle, die Adelheid bei einer großen Dürre entdeckt haben soll.

Um 1040 wird die Stiftskirche St. Peter gebaut

Bild unten:
Die Kirche St. Peter ist reich an Reliquienschätzen.

Die heutige Vilicher Kirche Sankt Peter erinnert mit ihrem Langhaus an die dreischiffige Stiftskirche, die um 1030 am Ort zweier Vorgängerkirchen errichtet wurde. Durch zahlreiche Wallfahrten an das Grab der zur Heiligen erklärten Adelheidis wurde die alte Kirche 1020 bis 1040 zu einer dreischiffigen Pfeilerbasilika umgebaut. Um 1200 stürzte diese erste Kirche ein. Ein neuer Großbau, von dem heute noch das Adelheidis-Chörchen erhalten ist, soll 1270 nach dem Wunsch der Stiftsdamen verschönert worden sein. Die Stiftskirche St. Peter wurde etwa 1700 in ihrer heutigen Form errichtet. Erhalten blieb der hochgotische Chor, der vor 1270 entstanden war. 1583 wurde die Klosterkirche im Truchsessischen Krieg erstmals gebrandschatzt, teilweise wiederaufgebaut und 1641 durch schwedische Truppen im Dreißigjährigen Krieg abermals zerstört. Die heutigen Türme wurden um 1700 vollendet. Der große Westturm ist bis heute Wahrzeichen von Vilich. Nach der Säkularisation wurde in den Klostergebäuden zeitweise eine Brauerei betrieben. Der Taufstein in der Kirche stammt aus der Zeit um 1300. Den Bombenangriff auf Bonn am 18.10.1944 überstand sie mit mittelschweren Beschädigungen.

Steckbrief

Die Kirche Sankt Peter in Bonn-Vilich liegt rechtsrheinisch. Adelheidisstraße 8; 53225 Bonn . Am 30.11.2008 wurde Adelheid von Vilich/Pützchen vom Vatikan feierlich zur Bonner Stadtpatronin erhoben. Neben Florentius und Cassius (römische Legionäre, die wegen ihres Glaubens getötet wurden) hat Bonn damit drei Stadtpatrone. Damit wird das Leben und Wirken der Adelheid noch besonders herausgestellt. Bonn steht unter ihrem Schutz. Adelheid war erste Äbtissin des Kanonissenstifts Vilich bei Bonn, später Äbtissin von St. Maria im Kapitol zu Köln; galt als wichtige Beraterin des Kölner Erzbischofs Heribert; heute noch Wallfahrt in (Adelheidis-) Pützchen bei Bonn.
Fest: 05. Februar

Heisterbacherrotts Wallfahrtskirche

St. Judas Thaddäus

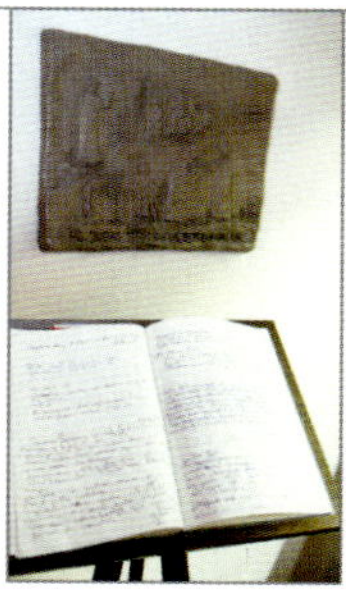

Heisterbacherrott Die berühmte Heisterbacherrotter Wallfahrtskirche St. Judas Thaddäus wurde erst gegen Ende des 19. Jh. erbaut und die Wallfahrt zum Hl. Judas Thaddäus zeitlich kurz danach, anfangs des 20. Jh. begründet[1]. Mit der wachsenden Industrialisierung Deutschlands im 19. Jh. wuchs im Rheinland die Bevölkerung. In Heisterbacherrott war dadurch ein Neubau einer Kirche erforderlich. 1886 genehmigte der Kölner Erzbischof Philippus den Neubau. 1891 wurde die Kirche nach Plänen von J. P. Bachem (Königswinter) vollendet und 1969/70 in großem Stil umgebaut Erst beim großen Umbau 1969/70 erhielt die Wallfahrtskirche den jetzigen Altar aus Trachyt. Rektor Schmidt konnte der Kirche eine Reliquie vom Heiligen Judas Thaddäus verschaffen. Die Reliquie des Hl. Thaddäus wurde in eine vergoldete Monstranz eingelassen. Gustav Joseph Waffelaert, Bischof von Brügge, bestätigte, dass nach den Vorschriften des Tridentinischen Konzils ein Partikel von den Gebeinen des Hl. Apostels Judas Thaddäus in der Kapsel eingeschlossen ist. Die Reliquie wurde von der Amtskirche zur öffentlichen Verehrung freigegeben. Von Anbeginn an kamen Pilger aus der Umgebung von Bonn, Bad Godesberg und Siegburg zum Gnadenbild

[1] *Priester Theodor Schiffers (Aachen) stiftete 1881 3000 Mark zum Bau der neuen Kirche. Mit der Schenkung war verbunden, den Apostel Judas Thaddäus als Patron zu wählen.*

Bild rechts:
Säulen und Steinboden des ehemaligen Portals der früheren Kirche umrahmen das Gnadenbild.

des Hl. Judas Thaddäus. Die neue Kirche wurde überraschend schnell von der Bevölkerung angenommen, bald war kein Platz mehr an den Wänden für Danktäfelchen zu finden. Trotz Schwierigkeiten, den man den Pilgern in der NS-Zeit machte, stieg die Zahl der Wallfahrer ständig.

Gnadenbild

Das Bild des Hl. Judas Thaddäus stammte aus Niederdollendorf, es wurde 1895/96 in der Kirche aufgestellt. 1964 wurde die an die Pfarrkirche angebaute Judas Thaddäus-Kapelle eingeweiht, in der das Gnadenbild mit der Reliquie ausgestellt ist. Säulen und Steinbogen des ehemaligen Portals der Kirche umrahmen das Gnadenbild. Der heutige Gedenkstein neben dem Gnadenbild erinnert an die vielen entfernten ehemaligen Motivtafeln, die beim Umbau 1969/70 weggenommen wurden. Der gemalte Apostel trägt ein Christusmedaillon auf der Brust.

Chorraum

1892 erhielt die Kirche alte, auf Öl gemalte Kreuzwegstationen zum Geschenk. Ein Taufstein wurde vor Ostern 1895 aufgestellt. Die erste Ausmalung der Kirche erfolgte 1897. Bildhauer Hein Gernot (Köln)

Bild unten:
Die Kirche Judas Thaddäus in Heisterbacherrott.

schuf 1969 Altartisch, Tabernakel, Hängekreuz, die zwölf Apostelleuchter, Ambo und Ewig-Lichtständer. Rechts neben dem Altar steht ein dreiseitiger Bronzeleuchter mit ausgewählten Themen aus dem Testament wie Sündenfall, Zug der Israeliten durch das Rote Meer, Geburt Christi und Tod am Kreuz, Aufer-

stehung – das offene Grab und die Aufnahme Jesu in den Himmel. Kurz vor Kriegsende 1945 wurden durch Bombensplitter Fenster beschädigt, aber nach 1950 von der Glasmalerei Robert Steimel in Köln neu erstellt und eingebaut. Die drei Fenster im Chorraum greifen Gedanken aus dem Alten und Neuen Testament auf. Im linken oberen Kreisfenster liegend Isai, aus dem der neue grüne Zweig Jesse entwächst. Das Fenster an der Evangeliumsseite zeigt, wie der Engel zu Maria kommt. Die Flügel weisen zur Hl. Dreifaltigkeit im mittleren Bild. Gott Vater, in goldenen Farben gehalten, weist mit der Hand auf den Sohn. Gottes Sohn (mit Wundmalen) zeigt mit einer Hand zum Vater, in der anderen Hand hält er den Opferkelch. Über beiden schwebt der Hl. Geist. Zu Füßen der Hl. Judas Thaddäus[2] als Schutzpatron. Im rechten oberen Kreisfenster Jona im Bauch des Fisches. Im unteren Fenster die Auferstehung Christi im strahlenden Lichte.
Schwerwiegende bauliche Mängel der aus Bruchsteinen 1892 erbauten Kirche führten 1989 zu einer Entfernung des gesamten Deckengewölbes und zu dessen Neueinbau. Das gesamte Außenmauerwerk wurde überarbeitet.[3]

Steckbrief

Heisterbacherrott ist ein Ortsteil der Stadt Königswinter. Die Kirchengemeinde St. Joseph und St. Judas Thaddäus Thomasberg-Heisterbacherrott ist im Jahre 1999 durch den Zusammenschluss der bis dahin selbständigen Pfarrgemeinden St. Joseph Thomasberg und St. Judas Thaddäus Heisterbacherrott entstanden. Die Kirche St. Judas Thaddäus liegt an der Hauptstraße durch Heisterbacherrott, der Dollendorfer Straße. Sie führt von Oberdollendorf nach Thomasberg.
Als Wallfahrtskirche ist St. Judas Thaddäus täglich geöffnet.

[2] *Armenische Christen glauben, dass das Kloster St. Thaddäus im Jahre 66 von Judas Thaddäus gegründet worden sei. Der Hl. Judas Thaddäus gilt als Fürsprecher in schwierigen Anliegen und hoffnungslosen Fällen. Das Fest der Apostel Simon und Judas ist in der katholischen Liturgie am 28. Oktober. Das Johannesevangelium wiederum erwähnt einen „Judas, nicht den Iskariot" zur Abgrenzung gegenüber Judas dem „Verräter".*

[3] *Vergl. Görres, Winfried in:*
Chronik St. Judas Thaddäus Heisterbacherrott. www.kw-thomasberg.de.

Rheinbreitbacher Leonarduskapelle

IM KRIEG ZERSTÖRT

RHEINBREITBACH Die eher unauffällige Leonardus-Kapelle ist ein kleines Gotteshaus in der Ortsmitte des historischen Teils der Gemeinde und so unscheinbar, dass viele Ortsunkundige an ihm unachtsam vorbeilaufen. Noch heute feiern die Rheinbreitbacher die Leonarduskirmes. In früheren Zeiten wurden am 6. November, dem Namenstag des Heiligen, die Pferde gesegnet. In früheren Zeiten genoss die kleine Kapelle den Status eines Wallfahrtsortes, denn von weit her, aus dem Westerwald und der gegenüberliegenden Eifel pilgerten alljährlich vornehmlich Bauern hierher, um nach der schweren Erntearbeit zu danken und um Schutz vor Krankheit und Gebrechen zu beten. Schon 1690 erhielt die Pfarrgemeinde die Erlaubnis, die Reliquien des Hl. Leonardus zur öffentlichen Verehrung auszustellen. Leonardus hat der Legende nach einer Königin bei der Entbindung geholfen. Er erhielt ein Waldstück für sein Kloster. Dort erhielt er vom König das Recht, unschuldig Verurteilte aus ihrer entsetzlichen Lage zu erlösen. Viele der so Befreiten sollen mit ihren Ketten zu ihm gekommen sein, um sich für ihre Freiheit zu bedanken. Deshalb wird Leonard häufig mit Ketten abgebildet, so wie dies auch auf dem Flügelaltar in der Rheinbreitbacher Kapelle zu sehen ist. Üblicherweise wird der Heilige in schwarzer Mönchskleidung mit einem Stab in der einen und Ketten in der anderen Hand dargestellt. Dies

führte wohl dazu, dass Bauern an das angekettete Vieh dachten und deshalb den in Ketten dargestellten Leonhard als Helfer in der Not betrachteten.
Die Pilger gingen betend den Weg durch die engen Gassen der schmucken Fachwerkhäuser entlang zur Kapelle. Das Haus ist ein schönes, weißverputztes Bauwerk mit einem wieder freigelegten Fachwerkgiebel. Über dem Dach erhebt sich ein mächtiger viereckiger Dachreiter mit spitzem Dach und je zwei Schallarkaden an jeder Seite. Die rechte Längswand ist fensterlos, Licht geben zwei rechteckige Fenster in ornamentaler Bleiverglasung. Aber die Wallfahrtskapelle hat eine umso bewegtere Geschichte. Wenig bekannt ist indessen, dass die Kapelle neben dem Armreliquiar des Heiligen Leonardus weitere Reliquien birgt. Es handelt sich um Teile der Gebeine von Märtyrern. Die Kirche verfügt über Reliquien des Heiligen Cassius und der Heiligen Victor und Ursula. Sie befinden sich,

Bild unten:
Die Kapelle in ihrem Fachwerk-Look passt sich wunderbar in die Rheinbreitbacher Gassen ein.

Bild unten:
Das Altarbild mit Leonardus auf der rechten Bildseite.

für den oberflächlichen Betrachter eher verborgen, in zwei kunstvoll verzierten Holzschreinen über den beiden äußeren Bildern des Flügelaltares. Das Jahr 1655 gilt als Baujahr für die Wiedererrichtung der jetzigen Kapelle. Im Inneren der Kapelle ist im Chorabschluss ein Flügelretabel aus dem 17. Jh. aufgestellt.

Auf dem linken Flügel wird der Heilige Leonardus, einen Gefangenen befreiend, dargestellt. Sämtliche Bilder sind in Öl auf Leinwand gemalt und stammen aus der Zeit des beginnenden 17. Jahrhunderts.

Kölns Erzbischof heiratet 1583

So ungewöhnlich die Verehrung des Heiligen Leonardus für hiesige Breitengrade[1] sein mag, so geschichtsträchtig ist allerdings der Standort und Bau dieses kleinen Gotteshauses. Eine Vorgängerin der heutigen Kapelle wurde im Truchsessischen Krieg[2] von Truppen

Bild oben:
Kölner Kurfürst Gebhard Truchsess von Waldburg.

des abgesetzten Kölner Erzbischofs Gebhard I. von Waldburg zerstört. Aber bereits 1655 hatte man so viel Geld gesammelt, dass mit dem Bau einer neuen Kapelle begonnen werden konnte. Truchsess Gebhard von Waldburg war sechs Jahre zuvor, 1577 mit 12:10 Stimmen gegen Ernst von Bayern zum Erzbischof und Kurfürst von Köln gewählt worden. Die „Klatschgeschichte" berichtet, dass Erzbischof Gebhard bei einer Prozession die als Schönheit gerühmte Agnes von Mansfeld, Tochter des Grafen Johann von Mansfeld zu Eisleben zufällig gesehen habe und sich leidenschaftlich in sie verliebt hätte. Die zum evangelischen Glauben übergetretene Nonne Agnes wohnte 1578-1579 bei ihrer Schwester Maria in Köln, die dort mit dem Baron von Kreichingen verheiratet war. Gebhard lud die Kreichingens mitsamt Agnes von Mansfeld auf sein Schloss Brühl. Nach 14 Tagen verblieb die Nonne Agnes bei Gebhard. Gebhard unterhielt mit der evangelischen Agnes fortan ein Liebesverhältnis. Deren Familie drängte auf Heirat. Gebhard wollte Kurfürst bleiben und zugleich heiraten. Das Erzbistum Köln sollte weltliches Fürstentum werden, der Papst hätte eine wesentliche Stütze seiner Macht im Deutschen Reich eingebüßt. Um diese Zeit war gerade in den Städten der Calvinismus schon weit fortgeschritten. In Aachen hatte das calvinistische Bürgertum im Stadtrat schon die Mehrheit. Im kölnischen Herzogtum Westfalen hatte der Protestantismus besonders unter dem Adel tiefe Wurzeln geschlagen. Gebhard erklärte den Beitritt zum Protestantismus, ließ sich am 02. Februar 1582 in Bonn durch den zweibrückischen Superintendenten Pantaleon Candius mit Agnes von Mansfeld trauen und hielt ein prächtiges Hochzeitsfest. Wenige Tage später zog er mit großem Gefolge von Bonn nach Dillenburg zum protestantischen Grafen Johann von Nassau, von da nach Marburg zu Landgraf Wilhelm von Hessen und auf dem Rückweg

[1] *Die „Leonhardifahrt" in Bad Tölz beispielsweise gilt am 06.11. als Zuschauermagnet. Als Wallfahrt zwischen Tradition und Touristenattraktion.*

[2] *Truchsess war ein mittelalterliches Hofamt, etwa „Kellner" oder „Steward". Nur Adlige bedienten den König. Aus dem Hofamt entstand ein Adelstitel, der Truchsess. Zahlreiche deutsche Adelsfamilien führen den Namen Truchsess im Titel.*

besuchte er den Grafen Heinrich IV. von Sayn. Gebhard verkündete für das Kurfürstentum Köln die Gleichberechtigung der lutherischen mit der katholischen Konfession. Er stellte den Kölner Domherren frei, welches Bekenntnis sie wählen wollten. Dies bedeutete nicht nur die Verletzung der „Goldenen Bulle", oder des auf den Papst geleisteten Eides. Das Machtgefüge in Deutschland zwischen katholischen und evangelischen Landesfürsten geriet in Gefahr, wenn Kurköln evangelisch oder weltlich werden würde. Die Macht des Papstes über Deutschland wäre erheblich bedroht gewesen. Begreiflicherweise konnte auch der katholische Kaiser kein Interesse daran haben, ein weiteres protestantisches Kurfürstentum entstehen zu lassen; da die drei weltlichen Kurfürsten bereits Protestanten

Bild unten:
Abbildung des Truchsessischen Krieges bei Unkel.

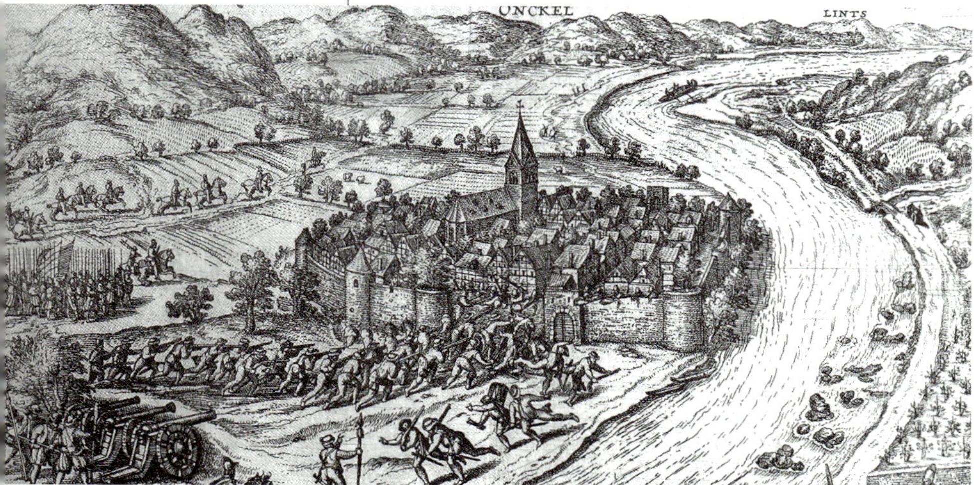

geworden waren, hätten sie schließlich im Rate der Kurfürsten die Majorität erhalten. Der abtrünnige Truchsess wurde am 01. April 1583 von Papst Gregor XIII. abgesetzt und exkommuniziert. Dies bedeutete Krieg. Die Adligen im Kölner Domkapitel hielten am Bestand des kirchlichen Bistums fest, denn ihre Pfründe und Einnahmen als Domherren aus ihren Pfarreien und Gütern wären weg gewesen. Sie wählten im Mai 1583 Ernst von Bayern zum Erzbischof von Köln und sicherten sich dadurch bayrische und spanische Truppenhilfe. Gebhard Truchsess von Waldburg mobilisierte seine Truppen und erhielt kurpfälzische Hilfe. Ob Gebhard davon ausging, dass die drohende „Türkengefahr“ die Truppen des Kaisers und des Papstes binden würde, sei dahingestellt. Es kam zum Truchsessischen Krieg von 1583-88. Der Neuwied-Isenburger Graf Salentin führte die Truppen des Kölner Domkapitels, bayerische Landsknechte ergänzt mit eigenen 150 Mann aus den Dörfern Leubsdorf, Hönningen und Dattenberg sowie 500 Mann aus dem kurkölnischen Amt Altenwied. Er besetzte das kurkölnische Territorium von Engers und Andernach aus. 1583 wurde Kloster Heisterbach geplündert, Königswinter eingenommen und ebenfalls geplündert. Die Dörfer Rheinbreitbach, Scheuren und Heister wurden niedergebrannt. Französische und schweizerische Truppen des Pfalzgrafen Johann Kasimir kämpften unter dem Kommando eines Dr. Peter Beutterich für den Truchsess. Sie brannten Kloster Deutz nieder. Salentin von Isenburg führte die katholischen Truppen und konnte dem Pfalzgrafenheer bei Unkel eine empfindliche Niederlage beibringen, so dass es sich in Auflösung bis zum Neuwieder Becken zurückziehen musste. Bei Engers und beim Prämonstratenserkloster Rommersdorf konnten sich die geschlagenen Evangelischen unter dem Schutz der Grafen von Sayn und Wied in großen Biwaks sammeln, ehe sie wieder den Kriegsschauplatz betraten. In diesem fünfjährigen Krieg wurde die Kapelle in Rheinbreitbach verwüstet. Die Rheingemeinden südlich von Bonn wie Linz oder Unkel gerieten in starke Bedrängnis. Viele kirchliche Bauwerke wurden wegen der silbernen Messgeräte und den oft in wertvollen Monstranzen ausgestellten Reliquien geplündert. Dabei wurden auch Gemälde und Statuen vernichtet. Marodierende Truppen des geschlagenen Truchsessischen Heeres zogen auch durchs Wiedtal, zerstörten viele der kleinen Kirchen, wobei auch die Niederbreitbacher Nikolaus-Kapelle betroffen war.

Steckbrief

Rheinbreitbach ist über die B 42 südlich von Bad Honnef und nördlich von Unkel gut zu erreichen. Die Leonarduskapelle liegt in der Ortsmitte, ausgeschildert ist die „Obere Burg“. Wegen des Feiertages im November wird die Eröffnung der Karnevalssession in Rheinbreitbach mit der Leonharduskirmes verknüpft.

Bruchhausen:

„Wo die Madonna einst Tränen vergoss“

Bruchhausen Die katholische Marienwallfahrtskirche St. Johann Baptist in Bruchhausen ist eine der bekanntesten Pilgerstätten im nördlichen Kreis Neuwied in unmittelbarer Nähe zum Rhein-Sieg-Kreis. Die Kirche zählt zu den schönsten Baudenkmälern der Region und beherbergt zahlreiche Kunstschätze. Das Gotteshaus präsentiert sich heute als verwinkelter mehrteiliger Bau in einer Stilmischung aus romanischen, gotischen und barocken Elementen. Jedes Jahr, am ersten Samstag nach Maria Himmelfahrt ehren Pilger aus ganz Deutschland sowie die Bruchhausener Ortsvereine die Gottesmutter Maria mit einer Lichterprozession durch den mittelalterlichen Ort. Dabei wird die Madonnenfigur „Maria, Zuflucht der Sünder“, um 1350 n. Chr. gefertigt, betend und singend durch den Ort getragen. Die Gottesmutter wird seit mehr als 1000 Jahren in Bruchhausen verehrt. Ein erstes Marienbild wurde nach der Legende unter einem Strauch neben einer Quelle gefunden und war Anlass zum Bau einer Kirche an der Stelle der heutigen Kirche. Um 1330 ersetzte man das erste Marienbild durch die gotische, in Sandstein geschlagene Madonnenfigur „Maria, Trösterin der Betrübten“. 450 Jahre lang war sie die Wallfahrtsmadonna von Bruchhausen.

Gerede von der tränenreichen Gottesmutter – Wunder 1745

Im Jahr 1745 passierte ein weit reichendes Ereignis. Die Mädchen Katharina Krupp und Gudula Züllichhofen[1] hatten die Aufgabe eine zweite, ältere Marienstatue, die immer zu Maria Himmelfahrt im August in der Kirche mit einem kostbaren Festkleid geschmückt aufgestellt wurde, wieder zu entkleiden, damit sie für die Rest des Jahres weggepackt werden konnte. Dabei sahen sie, dass aus beiden Augen der Muttergottes-Figur eine kristallklare Feuchtigkeit drang und wie Tränen über die Wangen floss. Der Küster wischte zwar die Flüssigkeit weg, aber als die Mädchen endlich die kostbaren Marienkleider durch das Alltagsgewand der Figur getauscht hatten, war das Madonnengesicht erneut voller Tränen. Dieses Ereignis vom 21. September wiederholte sich am 25. September 1745 in Anwesenheit von drei erwachsenen Zeugen. Die Kunde von der weinenden Marienfigur verbreitete sich trotz der um 1745 nun wahrlich noch nicht erfundenen Kommunikationstechnik in einer unglaublichen Geschwindigkeit. Nicht nur, dass von allen Orten rechts und links des Rheins die Menschen herbeiströmten, am 22. Oktober schon schrieb der Generalvikar des Kölner Erzbistums nach Bruchhausen und entrüstete sich, dass das Gerede von der tränenreichen Gottesmutter bis nach Köln gedrungen sei. Er verlangte eine ordnungsgemäße Untersuchung, damit „... keine Gerüchte verbreitet würden, die unserer Religion widersprechen ..." und forderte den örtlichen Pfarrer Zeppenfeld auf, die Figur vor dem Volk zu verbergen. Nun aber verhalfen zwei völlig unterschiedliche Interessen der tränenreichen Madonna, dass sie dem Volk noch näher kam. Pfarrer Zeppenfeld und der Kölner Erzbischof folgten nicht den Regularien der Amtskirche. Erzbischof Klemens August, der überwiegend im nahen Bonn residierte, hörte von einem seiner Leibgardisten von der Bruchhausener Wundermadonna. Der Gardist stammte aus Bruchhausen und hatte bei einem freien Wo-

[1] *Wiegelmann, Elmar: „Das Vesperbild von Bruchhausen"; Bruchhausen 1999*

chenende Zuhause vom Wunder erfahren. Der Erzbischof besuchte am 06. Dezember 1745 unangemeldet die Bruchhausener Kirche, ließ sich das Wunder erläutern und erlebte vor Ort, wie noch während seines Besuches die Madonna erneut Tränen vergoss. Der Kurfürst setzte sich daraufhin über alle kirchenrechtlichen Bestimmungen hinweg, setzte eigenmächtig eine Untersuchungskommisson unter Leitung seines Hofkaplans zur Feststellung des Wunders und der notwendigen Zeugenbefragung ein. Dann bestimmte Erzbischof Kurfürst Klemens August I., dass die noch um einige Jahrzehnte ältere gotische Madonna aus Eichenholz mit dem Titel „Maria, Zuflucht der Sünder" als Wallfahrtsmadonna in Bruchhausen einzusetzen sei. Kurfürst Klemens ließ für diese Madonna eigens einen Marienschrein aus Marmor, Holz und Eisen anfertigen. Ein rechter Chorpfeiler der Kirche wurde ausgehöhlt und der Marienschrein in den Chorpfeiler der Kirche eingesetzt. Darüber hinaus stiftete der Kurfürst für die Muttergottes-Figur ein neues, kostbares, dreiteiliges Seidenkleid, das in den berühmten Manufakturen von Lyon hergestellt und mit barockem Dekor aus echtem Gold geschmückt wurde. Zudem veranlasste er eine reiche Ausschmückung der Madonna, die auf seinen Befehl hin weiter ausgestellt wurde. Zur Bekleidung der Madonna wurden die Arme abgeschlagen. Der Kölner Generalvikar war gegenüber dem Handeln des Erzbischofs machtlos. Und der andere Widersacher gegen die kirchliche Obrigkeit war der Bruchhausener Pfarrer selbst. Damals geschah die Pfarrersbesoldung noch immer nach alttestamentlicher Weisung: Wer dem Altare dient, soll auch vom Altare leben. Mit dem hohen Pilgeraufkommen in Bruchhausen kamen nun auch große Spendensummen auf den Altar, die nach diesem Brauch dem Pfarrer und nicht der Pfarrei gehörten. Und so sperrte sich der Bruchhausener Pfar-

Bild oben:
Die tränenreiche Madonna mit dem kostbaren Seidenkleid.

rer Zeppenfeld und ließ die „segensreiche“ Madonna weiter in der Kirche, allerdings durch eine Umbauung ein wenig mehr geschützt als zuvor. Im Laufe der Wallfahrt, die nun verstärkt einsetzte, wurden viele wertvolle Schmuckstücke in großer Zahl gespendet. Sie bilden heute den Marienschatz, von dem der Betrachter allerdings nur einen kleinen Teil zu sehen bekommt. Der größere Teil ist unter dem Gewand der Gottesmutter verborgen. Jedes Jahr am Samstag nach Maria Himmelfahrt, wenn sie zur Lichterprozession aus ihrem gläsernen Schrein genommen wird, werden neue Votivgaben hinzugefügt.

Ablass gilt noch heute

Zugleich gewährte der Kölner Erzbischof der Bruchhausener Kirche den vollkommenen Ablass. Und noch heute gilt der vollkommene Ablass für die Pilger in Bruchhausen. Wer als Gläubiger an einem beliebigen Tag die Pfarrkirche in Bruchhausen besucht, dabei ein „Vater unser“ und das Glaubensbekenntnis betet, seine Schuld bereut und das Gnadenbild der Mutter Gottes verehrt, dem wird ein vollkommener Ablass gewährt. Mit diesem Ablass ist die Bruchhausener Kirche vom Erzbischof zeitlich unbegrenzt bedacht worden.

Zwei berühmte Gnadenbilder

Beide Madonnen von Bruchhausen werden seit Jahrhunderten von den Gläubigen verehrt. Auf dem rechten Seitenaltar in der Wallfahrtskirche befindet sich eine stehende Madonna aus Kalkstein mit polychromer Fassung. Es ist die gotische Steinfigur „Trösterin der Betrübten“. Sie wird dem Meister der Karmelitermadonna in Mainz Anfang des 15. Jh. zugeschrieben. Sie wurde bis 1745 verehrt. Eine zweite Marienfigur, ein Bildwerk höchster Qualität aus dem 14. Jh. trat durch ein Wunder in den Mittelpunkt der Marienverehrung und Wallfahrtstätigkeit, die bis in die heutige Zeit anhält. Es ist eine kunstvoll aus Eichenholz geschnitzte Madonna, wahrscheinlich um 1330 entstanden, die den Namen „Maria, die Zuflucht der Sünder“

trägt. Obwohl die eigentliche Marienwallfahrt nach Bruchhausen erst mit der Kunde der weinenden Madonnenstatue 1745 breiteste Bevölkerungsschichten im Rheinland in den idyllischen Fachwerkort lockte, steht fest, dass in Bruchhausen schon vor dem Jahr 1000 n. Chr. eine Kapelle stand, in der ein Marienbildnis verehrt wurde.

Baubeschreibung

Die alte Kapelle wurde in der zweiten Hälfte des 13. Jh. durch eine steinerne Kirche im romanischen Baustil ersetzt, von der heute noch der Turm und Teile der Seitenwände erhalten sind. Es ist eine dreischiffige, flachgedeckte Pfeilerbasilika mit romanischen Stilelementen im Langhaus. Die Wallfahrtskirche wurde im Jahr 1230 gebaut und über einen Zeitraum von 300 Jahren bis zum 16. Jh. weiter- und umgebaut. Aus der südlichen Scheidmauer wurden zwei und aus der nördlichen drei Arkaden ausgebrochen, so dass nur ein bzw. zwei Pfeiler stehen blieben. Um 1500 wurde ein neuer einjochiger Chor errichtet. Das dreijochige Mittelschiff und das Seitenschiff sind von einem Netzgewölbe, das zweijochige Seitenschiff von einem Kreuzgewölbe überspannt. Die heutige Basilika ist in weiteren Bauphasen im spätgotischen Stil bis ins 16. Jahrhundert entstanden. Auf Netzgewölben wurde die Decke des Mittelschiffs niedriger gelegt. Die Decken der Seitenschiffe wurden erhöht, so dass eine Hallenkirche entstand. Die Fenster wurden vergrößert. 1682 wurde an das Südschiff an der Südwestecke ein Vorbau gelegt. 1882 wurde ein Vorbau errichtet. 1887 wurde der Chor, 1922 das Schiff ausgemalt, 1931 das Äußere wieder hergestellt. Es handelt sich also um einen vielteiligen malerischen Baukomplex[2]. 2006 war die jüngste Renovierung der Bruchhausener Kirche abgeschlossen.

[2] *Vergl. Clemen, Paul und Zimmermann, Walter: „Die Kunstdenkmäler der Rheinprovinz, Kreis Neuwied"; Bonn 1940; S. 72 ff.*
[3] *Wiegelmann, Elmar: „Der Totentanz von Bruchhausen", Bruchhausen 1998*

Bild rechts:
Lebendige Wallfahrt wird seit ca. 1.000 Jahren in Bruchhausen betrieben.

STECKBRIEF

Das über 800 Jahre alte Gotteshaus ist von hohem kunsthistorischen Wert. Bruchhausen ist an der B 42 südlich von Königswinter und nördlich von Linz am Rhein ausgeschildert. Die Marienwallfahrtskirche ist noch einmal eigens beschildert. Mit einer Lichtprozession feiert der Wallfahrtsort Bruchhausen alljährlich das Hochfest der Aufnahme Mariens in den Himmel. Für die Festlichkeiten, die im August, samstags nach Mariä Himmelfahrt mit einem Hochamt um 20:15 Uhr eröffnet werden, erwartet der Veranstalter immer rund 1000 Pilger. Anschließend wird die spätgotische Wallfahrtsmadonna „Maria, Zuflucht der Sünder" (um 1400) in einer Lichterprozession mit Gesang und Gebet durch die von Kerzen erhellten Straßen geleitet. Die Wallfahrt wird von vielen Pilgern auch noch nach 1000 Jahren lebendig gehalten.
Die berühmte Pilgerstätte in Bruchhausen verfügt über drei kostbare Sehenswürdigkeiten: Zwei spätgotische Madonnen und der weit über die Grenzen des Rheinlandes hinaus bekannte Bruchhausener „Totentanz"[3], hinter Glas angebracht an der Südwand, gleich neben dem Eingang der Wallfahrtskirche.

5

12

Bruchhausener Totentanz präsentiert

ALLE VOLKSSCHICHTEN

BRUCHHAUSEN Mit dem Abschluss der umfassenden Renovierung der Wallfahrtskirche St. Johann Baptist ist auch der „Totentanz" aus dem 17. Jahrhundert wieder in das Gotteshaus zurückgekehrt. Im Innern birgt die Kirche eine Reihe von weiteren Kostbarkeiten. Die Darstellung eines Totentanzes wurde mit Öl auf Leinwand gemalt. Nur wenige ikonographische Erfindungen des Mittelalters sind bis heute so lebendig geblieben wie das Motiv des Totentanzes. Es hat Eingang in die Umgangssprache gefunden, so dass jede Begegnung mit dem Tod als Tanz mit dem Tod verstanden werden kann. Das Bild stammt aus der Zeit um 1600, es ist nur hinter Glas zu betrachten. In zwei übereinanderliegenden Reihen sind Szenen des mit geistlichen und weltlichen Menschen tanzenden personifizierten Todes sowie die Auferstehung Christi dargestellt, denen je ein erklärender Vers zugeordnet ist. Dieses Bild gilt als der einzige im Rheinland vorkommende Totentanz. Der Meister des Bruchhausener Ölgemäldes ist unbekannt, das Werk könnte aber dem Totentanz des Hans Holbein[1] nachempfunden sein. Seit Mitte des 16. Jahrhunderts wurden die Bilder des Totentanzes immer mehr vervielfältigt, während die Verse wechselten oder ganz weggelassen wurden.

Bild oben:
Die Kirche besitzt einige wertvolle Schätze, wie z. B. den Totentanz.

Ölbild war eine ehemalige Altarverkleidung

Das Gemälde ist hinter Glas. Es ist das kunsthistorisch bedeutendste Werk der Kirche. Dieses Bild stammt aus dem 17. Jh. und gilt als der einzige im Rheinland vorkommende „Totentanz". Der Bruchhausener Totentanz enthält Anspielungen auf die Pestwelle, die während des Dreißigjährigen Krieges auch in dem kleinen Dorf wütete. Das Votivbild der schmerzensreichen Mutter Gottes wurde 1636 in Auftrag gegeben. Es wurde von den Kindern Katharina Spee's gespendet, die in Bruchhausen als „Hexenkönigin von Bruchhausen"[2] verbrannt wurde. Das Ölbild „Der Totentanz" ist 1,10 m hoch und 1,70 m breit. Es zeigt Szenen eines To-

[1] *Eine neue und künstlerische Gestalt erhielt der Totentanz durch Hans Holbein dem Jüngeren (1497-1543). Der Totentanz als künstlerisches Motiv kam im 14. Jahrhundert auf; als bildliche Darstellung der Gewalt des Todes über das Menschenleben. Viele Künstler demonstrierten, dass niemand dem Tode entkommt, gleich wie vermögend oder mächtig.*

[2] *Anna Spee von Langenfeld wurde 1631 in Bruchhausen als Hexe gefoltert und auf dem Scheiterhaufen hingerichtet. Nach dem Tod ihres Mannes hatte sie einen Pferdeknecht geheiratet. Anna war die Besitzerin eines Weinguts. Die Heirat eines Knechtes galt als nicht standesgemäß und brachte das Paar ins Gerede. Nachbarinnen sagten unter der Folter aus, die 40-Jährige auf dem Hexensabbat gesehen zu haben. Sie sei wie eine Königin aufgetreten, mit staatlichen Kleidern und einer Maske vor dem Gesicht. Anna Spee wurde verhaftet. Als sie die Teilnahme am Hexensabbat abstreitet, reißen ihr die Henkersknechte die Kleider herunter, scheren sie und machen sich daran, ihren Körper nach „Teufelsmalen" abzusuchen. Solche Flecken so glaubt man, drückt der Satan seinen Gefolgsleuten beim Beischlaf auf. Angeblich bluten sie nicht, wenn man eine Nadel hineinsticht. Prozessprotokolle schildern Details der „Hexenprobe": „Erstlich eine Nadel auf die Stirn tief und stark eingedrückt, welche nicht gefühlt, sich im Geringsten nicht gezuckt. Darauf eine Nadel auf die Brust und eine dritte auf den Rücken; als sie herausgezogen, haben sie nicht geblutet." Anna wird gefoltert und im September 1631 hingerichtet. Man spricht von der „Hexenkönigin von Bruchhausen".*

tentanzes. Es handelt sich um eine ehemalige Frontverkleidung eines Altars, ein Antependium also. Diese Frontverkleidungen waren oft aus Stoff oder wurden als Vorsatztafel aus Metall gefertigt. In Bruchhausen befinden sich zwei übereinander liegende Bildreihen. Die Bildfolgen können durchaus interpretiert werden als Auferstehung der Toten. Szenen, wie sich der Künstler den Tag des Jüngsten Gerichts vorstellt, Tote erheben sich tanzend aus ihren Gräbern. Die Szenen zeigen neun Vertreter des geistlichen Standes und elf bürgerliche, weltliche Menschen. Die zwanzig Todeskandidaten in wohlsortierter Reihenfolge tanzen mit dem personifizierten Tod. Dargestellt ist auch die Auferstehung Christi. Den Szenen ist jeweils ein erklärender Vers zugeordnet. Der Totentanz zeigt acht Vertreter und Vertreterinnen der geistlichen Stände (oben); darunter Kardinäle, Bischöfe, Nonnen oder Leutpriester. Unter den weltlichen Figuren sind ebenso König wie Landsknecht, Student oder Bettler. Es sollen also

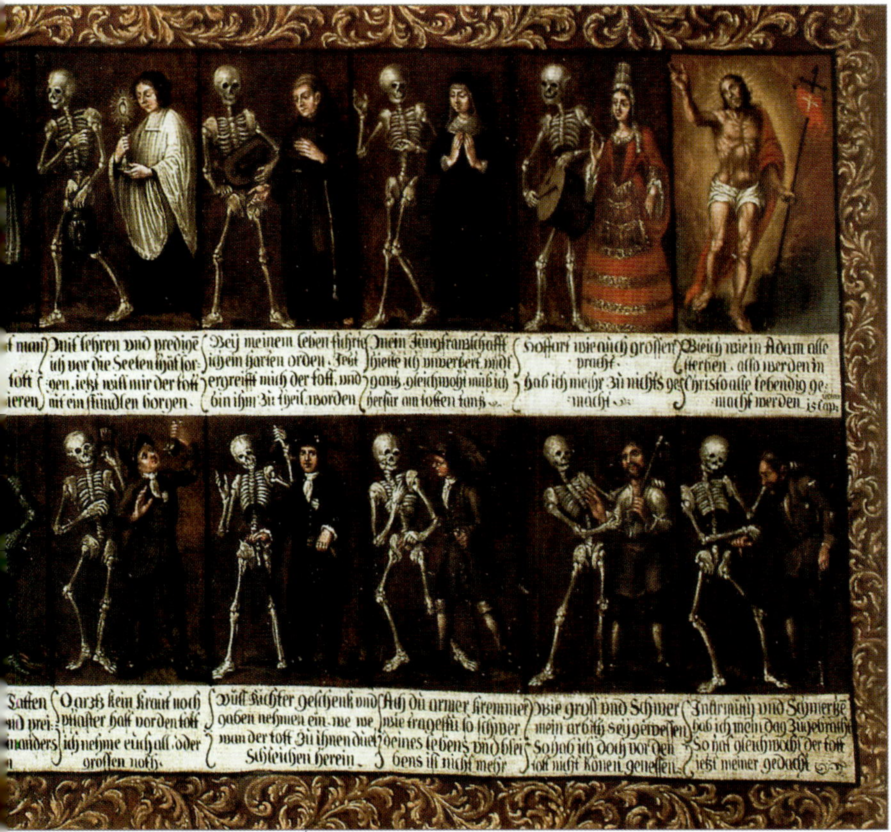

alle Volksschichten präsentiert werden. Mitten unter ihnen befindet sich der auferstandene Christus, der allen Menschen Erlösung verheißt. Die Art und Weise, wie Gevatter Tod die Damen und Herren zum Tanze auffordert, hält so manche Überraschung parat. Grinsend äfft er den Arzt nach, höhnisch hält er dem Richter einen Geldbeutel entgegen – dem armen Bettelmann legt er jedoch liebevoll den Arm um die Schulter. Die Kleidung der Adligen mit gepuderten Perücken entstammt der Zeit des Barock.

Steckbrief

Bruchhausen liegt zwischen Linz und Rheinbreitbach. Gegenüber der Stadteinfahrt Unkel an der B 42 abbiegen bis Ortsmitte. An der Kirche kann geparkt werden. Das Ölgemälde „Der Totentanz" ist kunstgeschichtlich gesehen das bedeutendste Werk in der Kirche. Es wird der altkölnischen Malschule zugeschrieben, nachempfunden dem Totentanz von Hans Holbein, der oft kopiert wurde. Holbeins für den Holzschnitt bestimmte Zeichnungen erschienen seit 1530 und als Buch seit 1538 in großer Menge und unter verschiedenen Titeln und Kopien.

Wie Totnan Seehuber die Pilger zum

Linzer Donatusberg lockte

Linz Mit dem Glauben Geld verdienen, Leichtgläubigkeit ausnutzen, womit Trickbetrüger gerne an leicht verdientes Geld gelangen. Für die Kirchen war vor der Einführung der Kirchensteuer[1] in der ersten Hälfte des 19. Jh. oft das Geld mit dem Glauben zu verdienen eine bittere Notwendigkeit. Dabei war es im gesamten Mittelalter immer wieder zu exzessiven Formen gekommen, womit nicht nur der schwunghafte Handel mit „Reliquien" gemeint ist. Es führt an dieser Stelle zu weit, zu schildern, warum sich Martin Luther mit seinen 95 Wittenberger Thesen so ausführlich mit dem Geld verdienen der Kirche auseinandersetzte. Kirche hatte das Fegefeuer erfunden. Luther formulierte bekanntlich: „Gewiss, sobald das Geld im Kasten klingt, können Gewinn und Habgier wachsen, aber die Fürbitte der Kirche steht allein auf dem Willen Gottes ..." (These 28). Im Volksmund wurde daraus das berühmte: „Sobald das Geld im Kasten klingt, die Seele aus dem Feuer springt!"

[1] *Durch den Reichsdeputationshauptschluss von 1803 wurde den weltlichen Fürsten eine Entschädigung für die Abtretung ihrer linksrheinischen Gebiete zugesichert. Im Zug dieser Entschädigung wurden nahezu alle rechtsrheinischen geistlichen Gebiete auf die zu entschädigenden Fürsten aufgeteilt. Ferner wurde den weltlichen Herren zugestanden, auch die Güter der in ihren Ländern gelegenen Stifte, Abteien und Klöster einzuziehen. Davon machten alle außer den Habsburgern Gebrauch. Damit die Kirche später ihre Aufgaben erfüllen konnten, führte der Staat, auch zu seiner eigenen Entlastung (Sozialfürsorge), die Kirchensteuer ein.*

1858 wurde der Franziskaner Minoritenkonvent in Linz gegründet

Die Aufhebung der Klöster durch die Säkularisation hatte selbst in einer Kleinstadt wie Linz seine Auswirkungen, fehlte es doch an Hilfsgeistlichen in der katholisch geprägten Stadt. Der Linzer Ortspfarrer bot ein geräumiges Haus mit Garten, Möbeln und 3.000 Taler Startkapital, sollte es dem Trierer Bischof gelingen, wieder einen Orden in Linz anzusiedeln. Parallel dazu mühte sich der deutsche Franziskaner-Minoritenorden, wieder verstärkt in Deutschland Fuß zu fassen, auf seinem Tiefpunkt hatte der einstmals große Orden nur vier Konvente in Deutschland. In dem jungen Priester Totnan Seehuber, 1828 in Grabenstätt am Chiemsee geboren, fand sich ein Franziskaner, der gerne nach Linz ging, um dort einen neuen Konvent aufzubauen. Aus Akten, die im Linzer Stadtarchiv lagern, geht hervor, dass es dem eifrigen Pater gelungen war, bevor er Linz verließ, 50.406 m² Grund und Boden auf seinen Namen im Grundbuch[2] vereinigt zu haben. „Davon entfielen 32.056 m² auf den Donatusberg."[3] Der kleine Linzer Franziskaner-Konvent mit vier Ordensbrüdern gestaltete sich ein Kloster. Das Haus wurde im 20. Jh. zum Amtsgericht umgebaut. 1858 wurde dem Orden eine Vikarie in Linz samt Einnahmen (Pfründe) übertragen. Schon im Winter 1858/59 ließen die Franziskaner am Nordwesthang des Kaiserberges Serpentinen in die steile, von Felsbändern durchsetzte Bergflanke bauen und legten eine Kreuzweganlage an, deren krönender Abschluss 1860/61 eine Wallfahrtskapelle wurde. Die Kirche wurde dem heiligen Donatus geweiht und schon wenige Monate später sprach man in Linz vom Donatusberg anstelle vom Kaiserberg. Pater Seehuber hatte dabei die Wallfahrt zum Remagener Apollinarisberg vor Augen, wohin jährlich zahlreiche Prozessionen zogen und damit der Remagener Wirtschaft wertvolle Arbeitsplätze und Einnahmen sicherten.[4] Seine Idee,

Bilder nächste Doppelseite rechts:
Totnan Seehuber schaffte es mit finanzieller Unterstützung begüterter Linzer Bürger, aber auch mit vielen ehrenamtlich engagierten Handwerkern des Kolpingvereins, ein neues Haus, angedacht als „Gesellenhaus" zu bauen. Heute ist darin ein Seniorenwohnheim untergebracht. 1862 war das „Gesellenhaus" fertig, schnell wurde daraus 1865-1869 Knabenkonvikt und im deutsch-französischen Krieg 1870/71ein Lazarett. Im Dritten Reich wurde es von der NSDAP genutzt.

[2] *Totnan Seehuber schaffte es mit finanzieller Unterstützung begüterter Linzer Bürger, aber auch mit vielen ehrenamtlich engagierten Handwerkern des Kolpingvereins, ein neues Haus, angedacht als „Gesellenhaus" zu bauen. Heute ist darin ein Seniorenwohnheim untergebracht.*

[3] *Rings, Anton: „Lorenz Totnan Seehuber"; Linz 1991; Anmerkung Nr. 374*

Über Totnan Seehuber:
„Der Pater besuchte in Linz die gläubigen, älteren Jungfrauen und kam mit einem Grundstücksschenkungsvertrag unter der Soutane für seinen Kaiserberg wieder vom Besuch zurück.", wörtlich von einem Linzer Bürger berichtet.
Quelle der Bilder:
Foto/Repro Anton Rings, Dattenberg

aus Linz eine Fremdenverkehrsgemeinde zu machen, stieß auf Interesse bei der Stadt, hatte doch die Ausstellung des **Heiligen Rocks in Trier** 1844 eine regelrechte Wallfahrtshysterie ausgelöst. Zur Trierer Wallfahrt von 1844 waren in den sieben Ausstellungswochen über eine Million Pilger gekommen, trotz der spärlichen Verkehrsverhältnisse 1844[5]. Diese Zurschaustellung führte zu heftigen öffentlichen Debatten, war also allseits bekannt.

Linz hatte schon 1712 Reliquien des Heiligen Donatus

Bild oben:
Der „Heilige Rock" in Trier. Er ist eine Reliquie, die Fragmente der Tunika Jesu Christi enthalten soll. Die Authentizität des Heiligen Rocks ist umstritten. Er wurde nie mit wissenschaftlichen Methoden auf seine Echtheit untersucht.

In der traditionsreichen Linzer Martinskirche wurden schon seit 1712 Reliquienpartikel des Heiligen Donatus verehrt und der Heilige angerufen zum Schutz bei Unwettern oder zur Sicherung der Weinernte. Gebeine des Heiligen Donatus[6] kamen 1652 als Schenkung an das Jesuitenkolleg von Münstereifel. Strömender Regen verwandelte sich beim Herannahen in strahlenden Sonnenschein. In Euskirchen wurde am Tag der Überführung eine Messe gelesen, der Blitz schlug in die Kirche ein und verletzte den Priester schwer. Er bat Donatus um Hilfe und wurde völlig geheilt. Donatus gilt seither als Wetterheiliger.

Donatuskapelle Backsteinbau in neugotischen Formen

Die Patres hatten eine herausragende bauliche Leistung auf dem Kaiserberg geschaffen und dabei die enorme Investition und Finanzierung allein mithilfe Linzer Familien und der Stadt gestemmt und ohne Hypothek auf das Grundvermögen. Der

[4] *Zum Ordensleiter Kaufmann der Franziskaner vom Apollinarisberg in Remagen als auch zum Ordensbaumeister Bruder Paschalis Gratze (OFM) unterhielt Seehuber gute Beziehungen. (Vergl. Rings, Anton; a. a. O. S. 25)*

[5] *Eisenbahnen gab es erst in den 1860er Jahren in Richtung Trier.*

[6] *Reliquien eines Unbekannten (!) wurden 1646 in der Katakombe der Hl. Agnes bei Rom gefunden. Auf dem Grab wurden sie als vom heiligen Märtyrer Donatus beschrieben.*

Bild oben:
Die Donatuskapelle Linz auf dem Donatusberg.

schlichte Backsteinbau in neugotischen Formen auf dem Donatusberg wurde 1861 eingeweiht und vom Franziskaner-Minoritenorden Linz als seine Ordenskirche betrachtet. Die Wandflächen werden durch Stützpfeilern geglieder, spitzbogige Fenster öffnen die Wandflächen. Ein schlanker Dachreiter ließ die hoch gelegene Kapelle von noch weiter her sichtbar werden. Unter dem Chorraum ließen die Patres eine Krypta anlegen. Die kleine Unterkirche wurde 1989 renoviert. Die Kapelle hatte drei Altäre, einer war als Hochaltar privilegiert[7]. Zwei Portale an der Westseite lenkten den Pilgerstrom.

700 Pilger aus Neustadt/Wied sind erster Pilgerstrom

Die neue Pilgergelegenheit in Linz wurde von außerhalb nur zögerlich angenommen. Die Annalen verzeichnen erstmals drei Jahre nach Weihung der Kapelle eine Pilgerwanderung aus dem rund 20 km entfernt liegenden Neustadt/Wied und 1864 kamen einmalig 400 Pilger aus Aegidienberg. Nur dies genügte nicht. Die Franziskaner-Minoriten verhandelten mit der römischen Kurie und 1865 erhielt Linz Reliquien des römischen Märtyrers Theophilus. 34 Geistliche geleiteten die Reliquien am 17. Oktober 1865 auf den Donatusberg, 5.000 Pilger waren nach Linz gefolgt. „ ... denn eine großartigere Feier hat Linz, solange es besteht, nicht veranstaltet ...“.[8] Papst Pius IX. gestattete den 2. Sonntag im September als Beginn der eine Oktav[9] lang dauernden Festtage zu Ehren des Heiligen Theophilus und stattete die Segnung der Pilger mit dem vollkommenen Ablass aus. Pater Seehuber beschaffte gar einen neuen Altar aus München für die Aufbewahrung der neuen Reliquien. Bis 1872 wurde nach Linz zu Fuß oder mit dem Schiff gepilgert. Jeden Tag während der Oktav 1866 kamen Tausende. 15.000 Pilger kamen allein zum Schlussgottesdienst am 08. September 1866 nach Linz[10], berichtet das Blatt „Linzer Zeitung und Anzeiger“. Der in Preußen, als auch innerhalb der katholischen Kirche einsetzende Kulturkampf nach 1870 wirkte sich auch unmittelbar auf die Wallfahrtskapelle auf dem Donatusberg aus. Papst Pius IX. ließ das I. Vatikanische Konzil von 1870 die Unfehlbarkeit des Papstes in Glaubens- und Sittenfragen verkünden. Bismarck setzte eine Reihe von Gesetzen durch, die eine Trennung von Staat und Kirche garantierten. Der „Kanzelparagraph“ im Strafgesetzbuch (1871) drohte jedem Geistlichen Gefängnis oder Festungshaft an, „welcher in Ausübung seines Berufes Angelegenheiten des Staates in einer den öffentlichen Frieden gefährdenden Weise erörterte“. Das Jesuitengesetz (1872) verbot den Orden und wies seine Mitglieder aus. Seehuber hatte Angst um das in Linz auf seinen Namen und nicht auf den Namen des Ordens eingetragene Grundvermögen von über 50.000 m² Fläche. Während des Kulturkampfes verließen Seehuber und die Minoriten Linz und nach vielen Wirrungen ging die Kapelle auf dem Donatusberg samt Berg in den Besitz der Franziskanerbrüder von Hausen[11] (Stifter Jakobus Wirth) über. Die Reliquien des Heiligen Theophilus wurden erst im Mai 1895 mit der Bahn zu Pater Seehubers neuem Domizil in

Marwang gebracht. Bei der Abfahrt des Zuges in Linz läuteten der Legende nach die beiden Glöckchen auf dem Donatusberg ohne fremde Hilfe.

Bild rechts:
Innenansicht der Donatuskapelle.

Steckbrief

Der Donatusberg wurde zu keiner Wallfahrtsstätte, denn ein Gnadenort lässt sich nicht planen und aus dem Boden stampfen. Es fehlte die Kunde von der heilenden Kraft, vom Wunder, das Wirkung hatte. Spöttisch formulierte ein Linzer: „Erst baute Seehuber die Hülle, dann suchte er den Inhalt." Die Kapelle ist zu besichtigen. Ein Schlüssel hat der Platzwart des Kaiserbergstadions. In Linz den Wegweisen zum Kaiserberg folgen oder von der Petrus-Sinzig-Straße/Oberlöh, den aufgelassenen Kreuzweg zur Donatuskapelle hochwandern. Herrlicher Ausblick ins Rheintal.

[7] *Trägt der Hauptaltar die Aufschrift „Altare privilegiatum" bedeutet dies, dass fast jeden Tag die Votivmesse gelesen werden darf oder dass Seelenmessen auch an Tagen, an denen es nach den Rubriken sonst untersagt ist, gelesen werden dürfen, oder dass dort für Verstorbene durch eine Messfeier ein Ablass gewonnen werden kann.*

[8] *Rings, Anton, a. a. O. S. 52*

[9] *Bis zur Liturgiereform des Zweiten Vatikanischen Konzils hatten alle größeren Feste eine Oktav=8 Tage Feiern.*

[10] *Linzer Zeitung und Anzeiger, Ausgabe Nr. 89, Linz 1866, Stadtarchiv Linz*

[11] *Vergl. im Buch, S. 146, Grab Bruder Jakobus Wirth, Franziskanerkirche Hausen*

Die Jerusalemer Grabkirche steht in

Leutesdorfs Wallfahrtskirche

Bild rechts: Der reich geschmückte Altar mit der lebensgroßen Christusfigur am Kreuz.

Leutesdorf Die Wallfahrtskirche Heilig Kreuz ist von ihrer Geschichte her eine der faszinierendsten und ungewöhnlichsten Wallfahrtsstätten in Rheinland-Pfalz. Das von außen unscheinbare Gotteshaus steht inmitten des Parks des Missionswerkes vom heiligen Johannes dem Täufer. Die reiche Innenraum-Ausstattung mit wuchtigen, raumbeherrschenden Hoch- und Seitenaltären, mit Heiligen- und Marienfiguren und einem lebensgroßen Kruzifix nimmt den Besucher sofort gefangen. Der Bau der Kreuzkirche dauerte von 1646 bis 1680. Die Westfront wurde 1662 fertiggestellt. Es handelt sich um einen gotisierenden Saalbau mit Maßwerkfenstern und Strebepfeilern, einem eingezogenen Chor mit Schluss. Im Kirchenschiff findet sich eine bemalte hölzerne Tonnendecke, über dem Triumphbogen eine offene Holzgalerie. In der dreischiffigen, über Säulen gewölbten Krypta steht die tonnengewölbte Heilig-Grab-Kapelle mit Laternenaufsatz, darin Figuren einer Heiliggrabgruppe aus dem 17. Jh. Die gesamte Kirche besitzt eine reiche „Möblierung“ aus dem 17. und 18. Jh. Der Hochaltaraufsatz in reichem Knorpelwerk umrahmt ein Vesperbild von 1651; die Seitenaltäre sind aus dem Jahr 1696. Die Kanzel und zwei Beichtstühle wurden um 1650 geschreinert. An der Nordseite steht ein bedeutender Kreuz-Altaraufsatz von 1722. Das Kruzifix, zu dem Wallfahrer beten, stammt von 1609.

INRI

Mirakelbuch

Von Ostern 1646 bis Ostern 1647 sind allein 43 Wunder notiert. Menschen, die taub oder lahm oder mit steifen Gliedmaßen nach Leutesdorf kamen, teils auf dem „Karren angefahren“, konnten nach einem Verweilen von neun oder elf Tagen am Heiligen Kreuz, teils nach dem Genuss von Öl aus der Lampe, die am Heiligen Kreuz brannte, gesund den Wallfahrtsort verlassen. Der Stifter und Erbauer der Wallfahrtskirche, der Leutesdorfer Küfermeister und Fassbinder Johannes Rieden hatte zeitgleich mit dem Baubeginn der Kirche ein Mirakelbuch angelegt, in dem alle wundertätigen Ereignisse und Krankenheilungen aufgeführt wurden.

Wallfahrten nach Melsbach enden mit Reformation

Die Ursache, die zum Bau der Leutesdorfer Kreuzkirche führte, steht in enger Verbindung mit den historischen Kreuzwallfahrten nach Melsbach. Mit der beginnenden Reformation 1517 und der Zuwendung der wiedischen Grafenfamilie zu Martin Luthers Lehren wurde auch das Wallfahren in die wiedische Grafschaft, zu der Melsbach gehörte, eingestellt. Melsbach war im späten Mittelalter als Zollstelle ein wichtiger Rastpunkt auf der Straße in den Westerwald in Richtung Oberhonnefeld-Gierend und Horhausen. Schon für 1357 n. Chr. hatte Graf Wilhelm zu Wied vom Kaiser das Geleitrecht erworben, Güter und Personen gegen Entgelt vom Rhein zu den Westerwaldhöhen über die Straße durch Melsbach zu führen. Melsbach wurde dadurch Zollstation.
Für das ausgehende Mittelalter wird vom regelmäßigen Wallfahren von den Rheindörflern zur Kreuzkapelle in Melsbach berichtet. Ziel war die dort spätestens 1399 n. Chr. nachgewiesene Kreuzkapelle. Hammersteiner und Leutesdorfer pilgerten jährlich jeweils am 03. Mai westerwaldaufwärts zur Kapelle. Luther dagegen nannte Pilgerreisen und Wallfahrten, verbunden mit dem Ablass „Narrenwerk“. „Allein aus Glauben kommt ein Christ zu Gott und nicht durch

Bild oben:
Die Heilig-Kreuz-Wallfahrtskirche in Leutesdorf.
Bild unten:
Kreuztorso an der Außenfront.

das „Geläuff", sprich das Pilgern. „Lauf nicht dahin, man weiß nicht, ob Sankt Jakob oder ein toter Hund daliegt", spottete er beispielsweise über den Pilgerweg nach Santiago di Compostela.

Eine wahre Legende

Für 1502 ist eine bestehende Kreuzbruderschaft in Leutesdorf urkundlich festgehalten. Mit dem Ende der Wallfahrt nach Melsbach sollte im kurtrierischen katholischen Leutesdorf um 1520 ersatzweise eine Kreuzkapelle gebaut werden. Es kam aber nur zur Errichtung eines großen steinernen Kreuzes an der Straße von Leutesdorf nach Hammerstein, das am 31. Oktober 1520 vom Trierer Weihbischof Nikolaus Schienen feierlich gesegnet wurde. Im Dreißigjährigen Krieg, insbesondere während der schwedischen Besatzung 1632-34, wurde das große steinerne Kruzifix beschädigt, die Schutzkapelle zerstört. Die Legende berichtet: ***„Zum Schutz des Kreuzes wurde alsbald***

Bild oben:
Mehrere Bürger stifteten reiche Barockaltäre für Riedens Kirche.

eine hölzerne Kapelle darüber gebaut und vor dem Kruzifix eine Ampel mit Öl gehangen. Damit die Ampel auch gewartet wurde, wurde sie mit „Öl-zinsen“ belegt. Ausgerechnet dem Bürgermeister, der alljährlich von den Ratsschöffen neu gewählt wurde, fiel die Aufgabe zu, diese Öllaterne am Brennen zu halten. Schon acht Jahre später, 1528 n. Chr. sei diese Aufgabe dem amtierenden Ortsbürgermeister Johannes Roth zu viel der Mühe gewesen. Er ließ die Ampel abnehmen und im Turm der Pfarrkirche aufhängen. Dort könne sie ebenso gut brennen, meinte er. Kurze Zeit später kam dieser Bürgermeister ums Leben, seine Frau und seine Tochter starben ebenfalls bald nacheinander.“

Fassbinder Johannes Rieden hat Erscheinungen

118 Jahre später, 1646 n. Chr. berichtete der Leutesdorfer Fassbinder Johannes Rieden von Erscheinungen. Seine verstorbene Mutter habe ihm im Traum aufgetragen, das wundertätige Kreuz nebst Kapelle wieder zu errichten. In diesen Erscheinungen habe ihm seine Mutter ferner aufgetragen, ein ansehnliches Gotteshaus zu bauen, und zwar nach dem Muster der Grabkirche von Jerusalem. Vor allem müsse bis zum Ostertag eine Ampel zur Stelle sein und brennen. Weiterhin habe sie ihm in einer weiteren Erscheinung befohlen, eine Wallfahrt nach Scherpenhövel in Belgien zu unternehmen und sich am Dienstag nach Weißen Sonntag auf den Weg zu machen. Bei der Wallfahrt werde sie ihm des Öfteren erscheinen, und auf der zweiten Hälfte dieser Pilgerreise kämen die drei Geister des verstorbenen Bürgermeisters Roth, seiner Frau und seiner Tochter hinzu. Diese könnten erst Ruhe finden, wenn die Lam-

pe vor dem Kreuz wieder brennen würde. 1646 musste Rieden dem Leutesdorfer Pastor Michael Koch und dem in Leutesdorf anwesenden Karmeliten Pater Johann Kaspar von Erscheinungen ausführlich berichten. Andere Quellen berichten, die Mutter habe ihm befohlen, das „Haus in der Mark" wieder aufzubauen. Es handelte sich dabei der Ortsgeschichte nach um eine Kapelle, in der ein Kruzifix durch viele Jahrhunderte verehrt wurde, von dem die Gläubigen sagten, durch das Gebet vor diesem Kreuz Erhörung in ihrem Anliegen gefunden zu haben.

Pilgerreise befohlen

Fassbinder Johannes Rieden unternahm in der Karzeit 1646 die von der Mutter befohlene Pilgerfahrt und besuchte die belgische Barockkirche Scherpenhövel. Woher die Mutter Kenntnis von dieser Basilika in Belgien hatte, blieb ungeklärt. Rieden hatte in Scherpenhövel die zuvor beschriebenen angekündigten Erscheinungen und fand in dem dort weilenden Priester Johannes Jost einen Schreibkundigen, der die Erscheinungen von Rieden, dem tatsächlich der 1528 verstorbene Bürgermeister Roth nebst Ehefrau und Tochter erschien, niederschrieb. Die Trierer Amtskirche bestellte daraufhin Rieden, er war immerhin der Sohn des damaligen Leutesdorfer Bürgermeisters, 1647 nach Trier ein und unterzog ihn in Anwesenheit eines Notars mehreren strengen Befragungen. Danach wurde alles für glaubwürdig befunden, und der Trierer Kurfürst und Erzbischof fertigte am 18. März 1647 ein Diplom aus, wonach auf dem Platz des Hauses „In der Mark" in Leutesdorf eine Kapelle erbaut werden durfte. Vorbild sollte die Kirche in Jerusalem über dem Heiligen Grab sein. Die Baugeschichte der Leutesdorfer Kreuzkapelle lässt sich so gut nachvollziehen, weil nahezu alle Rechnungen aus der Bauzeit sowie eine 16-seitige Baubeschreibung erhalten sind. In ihr sind die einzelnen Teile des Mauerwerks in der Reihenfolge ihrer Errichtung genau vermessen nach Ruten, Viertel und Schuh des Baumeisters Jakob Wagner verzeichnet. 1649 stiftete Lothar Ferdinand von der Leyen, Vetter des Trierer Kurfürsten Karl Kaspar

von der Leyen 100 Taler für die Kreuzkirche in Leutesdorf. Schon 1651 wurde die neue Wallfahrtskapelle in der Krypta von Weihbischof Otto von Senheim konsekriert. Den Bauplan hatte man sich aus Koblenz geholt; dort stand damals eine um 1495 erbaute Kapelle am Fuße des Beatusbergs, die der Jerusalemer Grabeskirche nachempfunden war. Rieden opferte für die Finanzierung des Baues der Kirche den gesamten Besitz seiner Familie. 1658 pfändeten Schultheiß und Gericht Riedens „Hab und Güter". Johann Rieden war es nicht mehr vergönnt, die dann folgende, lang anhaltende Verehrung des wundertätigen Kreuzes von Leutesdorf zu erleben.
Festgehalten werden kann, Legende hin oder her, dass der Bau der Kreuzkirche, geweiht im Jahre 1680, von einem Leutesdorfer Handwerker in Gang gesetzt wurde. Bürger Johannes Rieden – ein Fassbinder erzwang die Erlaubnis und sammelte Geld zum Bau dieser großen Kirche. Das „Haus in der Mark" stand an der Stelle, wo heute die Kreuzkirche steht. Es war durch die Wirren des Dreißigjährigen Krieges in einem desolaten Zustand. Kurfürst Erzbischof Karl Kaspar von der Leyen erteilte Johannes Rieden die Erlaubnis zum Bau der Kirche. Rieden erbettelte Land auf, Land ab die finanziellen Mittel. Er selbst starb völlig verarmt und hat wohl die Vollendung seines Werkes nicht erlebt. Die tiefe Verehrung des heiligen Kreuzes hat andere Bürger bewegt, das Werk zu Ende zu führen. Die Kirche vereint Stilelemente des Barocks und der Renaissance. Namhafte Persönlichkeiten haben durch Stiftungen für die Ausstattung der Kirche gesorgt.

Pilger tauchen Linnen in die steinerne Wunde

So unscheinbar das Äußere der Kreuzkapelle sein mag, umso erstaunlicher ist die Entstehungsgeschichte dieser auch heute noch sehr beliebten Wallfahrtskirche. Pilger aus Münstermaifeld etwa bringen stets Tücher und Schals mit. Mithilfe eines langen Holzstabs, an dem eine überdimensionale Wäscheklammer befestigt ist, reichen sie dann die Tücher an die Christusfigur heran, tauchen die Linnen in die steinerne Wunde am Herzen der großen Christusfigur ins Blut und bringen ihre Anliegen vor. Die so geweihten Tücher und Schals werden oft Kranken oder Bettlägerigen mit nach Hause gebracht.

Krypta mit tonnengewölbter Heilig-Grab-Kapelle

Leutesdorf besitzt ein bemerkenswertes Beispiel des 17. Jh. der seit dem hohen Mittelalter verbreiteten Nachbildungen des Heiligen Grabes aus Jerusalem (s. u.).

Bilder rechts: Die nachgebildete Grabeskirche in der Krypta der Leutesdorfer Kirche soll 1/3 so groß sein wie die Jerusalemer Originalkirche

Steckbrief

Leutesdorf liegt direkt am Ufer des Rheins im Gebiet des Naturparks Rhein-Westerwald. Die drei genannten Kirchen stehen direkt an der B 42, die durch den Ort führt. Pfarrkirche und Wallfahrtskirche Heilig Kreuz stehen am rechten Straßenrand der B42 in Richtung Linz. Die Johannesmissionare betreuen die Kreuzkapelle nur seelsorgerisch, mit ihrer Entstehungsgeschichte haben sie überhaupt nichts zu tun. Gegenüber der Wallfahrtskirche, auf der anderen Straßenseite zieht die Ölberg-Kapelle mit dem Grab von Johannes Haw[1] die Aufmerksamkeit auf sich. Johannes Haw hat mit der Gründungsgeschichte der Wallfahrtskirche nichts gemein. Die verwaiste Kirche nahm er für seinen neu gegründeten Orden an. Leutesdorf ist das älteste und größte Weindorf am unteren Mittelrhein.

[1] *Johannes Maria Haw (* 1871 in Schweich an der Mosel; † 1949) Priester, Gründer des Johannesbundes Leutesdorf und Gründer der Ordensgemeinschaften der Johannesschwestern von Maria Königin und der Missionare vom Heiligen Johannes dem Täufer. Er wurde zu einem der führenden Köpfe in der Anti-Alkohol-und Mäßigkeitsbewegung in Deutschland. Johannes Haw war Leiter dieser Bewegung für ganz Deutschland. 1912 ging er nach Leutesdorf und erwarb dort ein Haus für Gruppen von Alkoholabhängigen und -gefährdeten. Die Gründung des „Johannesbundes" erfolgte am 15. Oktober 1919. Daraus gingen zwei Ordensgemeinschaften hervor: die Ordensgemeinschaft der Johannesschwestern von Maria Königin und die Gemeinschaft der Missionare vom Heiligen Johannes dem Täufer. Beide haben ihren Sitz in Leutesdorf. Die Mitglieder leben und wirken auch in Portugal, in Mosambik (Ostafrika) und in Indien. Der Prozess der Seligsprechung dieses Priesters und Gründers von Ordensgemeinschaften ist begonnen worden.*

5

15

Wallfahrtsruine Melsbach – ehemals
EIN RÖMISCHER BAUERNHOF?

MELSBACH Das Anlegen des römischen Grenzwalls „Limes“ von Rheinbrohl nach Bendorf führte auch zu einer frühen Siedlungstätigkeit im Raum Melsbach. Bekannt ist, dass um 225 n. Chr. Kaiser Severus Alexander die Limestruppen mit Äckern im Hinterland, Vieh und Geräten ausstattete, um sie zu Verteidigern ihrer eigenen Habe zu machen. Das System des Wehrbauern wurde damals erfunden. Der Boden am Limes konnte im römischen Reich nicht vererbt werden, er ging aber auf einen Sohn über, wenn dieser Soldat wurde. Jene Soldaten sind zu einigem Wohlstand gekommen. Dies mag die Erklärung sein, warum ein Weg von Niederbieber in den Westerwald im Mittelalter mit einer Zollstation ausgestattet wurde. Der Ort Melsbach wuchs im späten Mittelalter als Zollstelle. Graf Wilhelm zu Wied hatte schon 1357 n. Chr. vom deutschen Kaiser unter anderem ein Geleitrecht erworben, Güter und Personen gegen Entgelt vom Rhein zu den Westerwaldhöhen über die Straße durch Melsbach zu führen. Melsbach wurde dadurch Zollstation. Es entstand ein wichtiger Rastpunkt auf der Straße von Niederbieber in den We-

Bild unten:
So in etwa kann man sich die Limessoldaten der Römer vorstellen (Römerwelt 2008)

sterwald in Richtung Oberhonnefeld-Gierend und Horhausen. Für das ausgehende Mittelalter wird vom regelmäßigen Wallfahren von den Rheindörflern zur Kreuzkapelle in Melsbach berichtet. Ziel war die dort spätestens 1399 n. Chr. „jüngst als gegründet und erbaut“[1] nachgewiesene Kreuzkapelle. Gläubige aus den Rheindörfern Hammerstein und Leutesdorf pilgerten jährlich jeweils am 03. Mai bis ins 16. Jh. hinein westerwaldaufwärts zur Kapelle. 1557 beschreibt eine Nachricht die „Kapelle auf dem Cruitzelberge“. Das Fürstenhaus zu Wied verkaufte die Ruinen des in der Reformation profanierten Kapellenbaues 1837, erwarb sie aber 1878 wieder zurück.

Baubeschreibung

Die abends beleuchteten Ruinen gehören zu einem Bau, der die ursprüngliche Kapelle ersetzte. Zu sehen ist ein Kirchenschiff mit 12 m Länge und 7,50 m Breite. Es schließt sich ein rechteckiger Chor an. Die Mauern bestehen aus Bruchsteinen und sind etwa 70 cm stark. Der Bau war flachgedeckt, vielleicht wurde die aufgelassene Kirche später mal als Schuppen genutzt, worauf die noch vorhandenen Balkenlöcher schließen lassen.

Die Sage erzählt wie die Melsbacher Kreuzkirche entstand

Ehemals war die weite Ebene des Neuwieder Beckens, wo sich heute die Stadt ausbreitet und früher fruchtbare Felder dehnten, nur mit Wald bedeckt. Der Wald war reich an allerlei Wild, aber auch an wilden Tieren. Die Ritter der nahen Burgen aus dem Fockenbachtal und der Wied pflegten in ihm gerne die Jagd, besonders einer aus dem Wiedtal. Der war ein recht weltlich gesinnter Herr und gab auf Kirche und Gotteswort nichts. Viel lieber streifte er im Wald umher und zog hinter dem raschen Wilde daher. Einmal hatte er der Jagd wieder mit solchem Eifer oblegen, dass er

[1] *Neu, Heinrich; Weigert, Hans: „Die Kunstdenkmäler des Kreises Neuwied“, Düsseldorf 1940, S. 265*

Bild oben:
Die Ruine der ehemaligen Kreuzkapelle.

gar nicht an die Heimkehr dachte. Seine Begleiter hatte er längst verloren und der Abend senkte sich herab. Da blies er ins Horn. Doch keine Antwort kam, weder von nah noch fern. Alles blieb still. Schon schickte er sich an, die Nacht im Wald zu verbringen. Auf einer Anhöhe hatte er sich ein Lager unter einer Eiche gesucht. Da sah er plötzlich einen hellen Schein durch die Stämme schimmern. Näher und näher kam die Helligkeit und eine weiße Frauengestalt schritt an ihm vorüber. In der Hand hielt sie ein strahlendes Kreuz und ihre Stimme sprach: „Folge mir!" Er gehorchte und sie zeigte ihm den rechten Weg und begleitete ihn. So kam er noch vor Mitternacht heim zu seiner Burg ins Wiedtal. Plötzlich war die Jungfrau verschwunden. Als der Ritter über die nächtliche Erscheinung nachdachte, wurde es ihm klar, dass sie einen doppelten Sinn hatte. Einmal hatte sie ihm den Weg nach Hause zur Burg gezeigt und ihn vor dem Untergang bewahrt. Dann aber hatte ihm das Kreuz sagen wollen, dass er nun einen anderen, einen gottesfürchtigen Lebenswandel führen sollte. Und so beschloss er, dies fortan zu tun. Auf der Höhe, wo ihm die Jungfrau erschienen war, ließ er ein steinernes Kreuz setzen. Das Volk nannte die Stelle fortan „Kreuzberg". Später erbaute ein Ritter über dem Kreuz eine Kapelle, dieselbe Kreuzkirche, deren Trümmer noch heute, von Efeu überwuchert, zur Seite des Weges von Melsbach nach Niederbieber träumen.[2]

Wallfahrten nach Melsbach enden mit Reformation

Die mögliche Ursache, die zum Bau der Leutesdorfer Kreuzkirche führte (s. S. 102), steht Berichten nach in enger Verbindung mit den historischen Kreuzwallfahrten nach Melsbach. Mit der Reformation 1517 und der Hinwendung des Kölner Kurfürsten und Erzbischofs Hermann V. zu Wied wandte sich die gesamte wiedische

[2] *Runkel, Otto: „Aus dem Sagenschatz der Heimat", Westerwaldsagen, Berlin, Leipzig 1929*

Grafenfamilie den Lehren Martin Luthers zu. Der Kölner Erzbischof Hermann V. sympathisierte nach 1530 immer mehr mit der neuen Lehre von Martin Luther, er wollte eine sanfte Reformation in seinem Land durchführen und unternahm ab 1536 hierzu mehrere, allerdings eher zögerliche Schritte. 1542 predigten auf seinen Wunsch hin Martin Bucer in Linz, Bonn oder Köln. 1543 auch Philipp Melanchton. Die beiden verfassten die unter dem Namen des Erzbischofs erschienene Reformationsschrift „Einfältiges Bedenken" als Grundlage für eine Reformation in Köln. Melanchton beschrieb im Mai 1543 den Eindruck, den die Gläubigen mit ihren Priestern der Kirche im Bistum Köln auf ihn machten. Man könne nicht ohne Tränen die Gebrechen der kölnischen Kirche sehen, da täglich noch die Volksmenge zu den Bildern eile, woraus die Religion des Pöbels bestehe!" Auch in der Melsbacher Kreuzkirche predigte 1543 der große Reformator Philipp Melanchthon. Eine unmittelbare Folge der Annahme des lutherischen Glaubens war, dass das Wallfahren in der wiedischen Grafschaft, zu der Melsbach gehörte, eingestellt wurde. Luther hatte Pilgerreisen und Wallfahren, die oft verbunden waren mit dem kirchlichen Ablass, als „Narrenwerk" gegeißelt. Luther: „Allein aus Glauben kommt ein Christ zu Gott und nicht durch das „Geläuff" (das Pilgern). Lauf nicht dahin, man weiß nicht, ob Sankt Jakob oder ein toter Hund daliegt", soll er über den Pilgerweg nach Santiago di Compostela gespottet haben.

Kreuzbruderschaft in Leutesdorf

Für 1502 ist eine bestehende Kreuzbruderschaft in Leutesdorf urkundlich festgehalten. Mit dem Ende der Wallfahrt nach Melsbach im 16. Jh. soll im kurtrierischen katholischen Leutesdorf ersatzweise eine Kreuzkapelle gebaut worden sein.

Steckbrief

Ausfahrt zur Gemeinde Melsbach an der B 256 zwischen Neuwied und Altenkirchen. Entfernungen zu Neuwied 12 km, zu Altenkirchen 32 km. Südlich des Ortes die Ruine der Kreuzkirche. Die Kapelle stammt aus dem 7. Jh. und war eine der ersten Versammlungsstätten der Christen im Raum Neuwied. Im Mittelalter dann ein beliebter Wallfahrtsort. Zu sehen sind die Mauerreste eines nachmittelalterlichen Bruchsteinsaals.

Die Ruine der Wallfahrtskapelle Isenburg

IST SEHR LEBENDIG

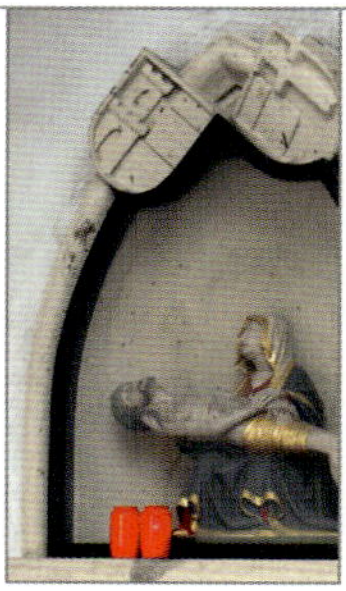

ISENBURG Es steht zwar nur noch die Ruine einer katholischen Wallfahrtskapelle in Hausenborn, deren Hauptaltar mit Gnadenbild 1441 n. Chr. vom Trierer Weihbischof Gerhard, Titularbischof von Salona[1] der Gottesmutter, dem Hl. Servatius und allen Heiligen geweiht wurde. Aber dennoch pilgern die Gläubigen weiterhin nach Hausenborn. Um im Rahmen des jährlichen liturgischen Kalenders eine Wallfahrtsoktav festzulegen, wurde der Kapelle in ihrer aktiven Zeit als zu verehrender Patron der Heilige Servatius zugeordnet. Zu diesem Heiligen sollten die Gläubigen bei Fußleiden, Frostschäden, Rheumatismus oder Rattenplagen wallfahren und beten. Wenigstens aber immer am Namenstag, der auf den 13. Mai datiert ist. Langfristig setzte sich aber das Gnadenbild der Gottes Mutter in der Verehrung in der Kapelle durch. Die Einheimischen nannten schon ausgangs des Mittelalters die Kirche „Kapelle zu unserer lieben Frau zu Hausenborn“. Rund 340 Jahre später wurde das Wallfahren zur Kirche weitestgehend untersagt, die Kirche wurde 1784 als Wallfahrtsort aufgegeben. Das Verbot half aber nicht wirklich, das Kirchengebäude verfiel, wurde zur Ruine, aber dennoch wird die Kirchenruine Hausenborn noch bis heute von Pilgern und Wallfahrern aufgesucht. Im Mittelalter und

[1] *Seibrich, Wolfgang: „Die Weihbischöfe des Bistums Trier“, Trier 1998, S. 42-43*

auch danach wurde von mehreren in Hausenborn zugetragenen Mirakeln berichtet. Bis zum Verbot im 18. Jh. wurde fleißig nach Hausenborn gepilgert. 300 Jahre lang kamen Wallfahrtsprozessionen aus dem Raum Hachenburg, von Dierdorf, Nauort oder Horhausen. Ebenso aber auch Wallfahrtsgruppen aus dem Rheintal von Irlich oder Heimbach-Weiß. Nicht vergessen werden darf Engers. Die dortige Pfarrei St. Martin veröffentlicht noch heute im Internet Wallfahrtstermine nach Hausenborn.

Baubeschreibung

Die Kapelle Hausenborn gehört zu den bedeutenden geschichtlichen Kulturdenkmälern im vorderen Westerwald. Sie wurde im gotischen Stil erbaut. Von der Kapelle sind die Mauern aus Schieferbruchsteinen fast noch in der ursprünglichen Höhe erhalten. Der Bau ist 22,80 m lang; der Chor 5,80 m, das Kirchenschiff 7, 80 m breit. An der Nordseite befindet sich eine quadratische Sakristei. Ein Triumphbogen trennt Chor und Langhaus. Der Chor besteht aus einem rechteckigen Joch und einem Schluss aus fünf Seiten des Achtecks. Die ehemaligen gotischen Fensteröffnungen sind zugemauert. Die Rippen aus Basaltlava sind herausgebrochen und wurden teilweise als Grenzsteine in der Umgebung genutzt. Den Chormauern sind außen Strebepfeiler vorgelegt, die am Kirchenschiff fehlen. Den Westeingang bildet ein stumpfer Spitzbogen aus Basaltlava. Der Grabstein des Grafen Gerlach von Isenburg, gest. 1530 wurde 1805 nach Dierdorf gebracht.[2]

Bild oben:
Ein Wanderweg führt zur Ruine der Wallfahrtskapelle. Blick in die im gotischen Stil gebaute Kapelle.

[2] *Vergl. Neu, Heinrich/ Weigert, Hans: „Die Kunstdenkmäler des Kreises Neuwied, Düsseldorf 1940, S. 165 ff.*

Bild oben:
Obwohl Ruine, weisen viele Danktafeln auf die Wundertätigkeit hin.

Kirche genießt um 1450 n. Chr. immer weniger Ansehen

In der Zeit des zu Ende gehenden Mittelalters, genoss die verweltlichte Kirche immer weniger Achtung in Europa. Vielfach wurde dem Klerus vorgeworfen, nur noch zu „saufen und zu fressen". Geld ausgeben zu können, war dem hochgestellten deutschen Klerus, den Erzbischöfen von Köln, Mainz und Trier, die zugleich Landesherren mit eigenen Steuereinnahmen waren, wichtiger als das Seelenheil ihrer Gläubigen geworden. Die Ausbildung vieler Priester im 15. Jahrhundert war zudem mangelhaft. Einige Bischöfe und Kardinäle scheuten sich nicht, öffentlich ihre leiblichen Kinder anzuerkennen und stiegen dennoch in höchste Kirchenämter auf. Ein regionales Beispiel ist der Trierer Priester und Dompropst Philipp von Sierck, ein Onkel des Trierer Erzbischofs Jakob I. von Sierck (Erzbischof von 1439-1456). Domprobst Philipp von Sierck vererbte sein Lehen an der Burg Monclair (Saar) seiner leiblichen Tochter Elsa, die mit dem Ritter Johann von Kellenbach verheiratet wurde.

Neue Wallfahrtsorte aus dem Boden stampfen

Es ist aber auch die Zeit der Reformbewegungen innerhalb der Kirche. Anfangs noch werden Kritiker an der Verweltlichung der Kirche wie Jan Hus öffentlich verbrannt. Eiligst versuchte die Amtskirche zur Wiedergewinnung und Unterstützung der Volksfrömmigkeit neue Wallfahrtsorte aus dem Boden zu stampfen. Auf welche Orte dies genau zutrifft, mag offen bleiben. Vielfach werden von den Bischöfen und dem Adel Madonnen für regionale Wallfahrtszwecke gestiftet. Wichtig war es für die Bischöfe, Klöster oder Adlige zu finden, die die Wallfahrtsorte begründeten und begüterten, d. h. finanziell so ausstatteten, dass dort Priester leben konnten und regelmäßige Gottesdienste abhielten. Es gibt Hinweise, dass die Erbauung der Wallfahrtskapelle Hausenborn durch das Geschlecht der Isenburger Grafen geschah. Beispielsweise wurde Graf Gerlach III. von Isenburg-Grenzau 1530 in Hausenborn beigesetzt. Den Lebensunterhalt für die Hausenborner Geistlichen sicherte auch Katharina von Kovernstein, die 1442 ein ihr gehörendes Hofgut in Oberengers[3] für 350 schwere oberländische Gulden an die Baumeister und Geschworenen der Kapelle verkaufte. Interessanterweise taucht in dieser Kaufurkunde kein Isenburger Graf namentlich auf. In der Geschichtsforschung wird noch diskutiert, woher die Schöffen (Gemeindevertreter) die enorme Kaufsumme von 350 schweren Gulden besaßen, war doch die Kapelle gerade erst im Jahr zuvor konsekriert worden. Interessant ist, dass auch eine Verpachtung dieses Hofes an das Koblenzer Kartäuser Kloster 40 Jahre später vom Pastor Philipp zu Isenburg betrieben wird und nicht von den Grafen von Isenburg selbst.

Erbschaften und Stiftungsgelder fliessen nach Hausenborn

Der Kapelle Hausenborn gelang es, Erbschaften und Stiftungsgelder zu erhalten, die ein dauerndes Wirken von Geistlichen ermöglichen sollten. Ein Oberengerser Bauernhof warf jährlich eine Pacht von neun Maltern Korn ab, die dem Unterhalt des Pastors der Kapelle dienten. Die einfachen Priester hatten bis zur Erhebung der Kirchensteuer im 19. Jh. eigene Landwirtschaft als Einkommen und waren auch auf Spenden angewiesen. Den Pilgern wurden vollkommene Ablässe[4] für das Besuchen der Wallfahrtsstätten versprochen. Beispielhaft sei hier verwiesen auf die 1452 in Frankfurt ausgestellte Ablassurkunde des deutschen Kardinals Nikolaus von Kues. Seine Urkunde für die Marienkapelle des Kaiserswerther Stifts (Düsseldorf) verspricht jedem gläubigen Pilger[5] einen Ablass von 100 Tagen auf seine Strafe im Fegefeuer. Voraussetzung war, der Pilger nimmt an der Andacht teil und „spendet" Geld für die Ausstattung der Klosterkirche. Man denke an den Werbespruch des Dominikaner-Mönchen Tetzel: „Wenn das Geld im Kasten

[3] *Wasser, Eugen: „Die Wallfahrtskapelle Hausenborn" in: Geschichtsbroschüre Hausenborn, Isenburg.*

[4] *Die Kritiker argumentierten, der Ablasslehre wohne ein „Geschäftsdenken" inne; eine „Verrechnung" von „guten Werken" mit Sündenstrafen. Ablässe gab es gegen eine „Spende" also gegen Geld oder durch Besuch der Pilgerstätte.*

[5] *... an bestimmten Festtagen im Kirchenjahr, vor allem an den Marienfesten ...*

klingt, die Seele aus dem Feuer springt." Tetzel verkaufte 1514/15 einen Ablass an die Bevölkerung, um den Bau des Petersdoms in Rom zu finanzieren. Dieser Petersablass durfte im Staat des Kurfürsten von Sachsen nicht verkauft werden, der Fürst wollte den massiven Geldabfluss nach Rom verhindern.

Eremiten waren eher Kirchendiener als „Heilige Männer"

An die Kapelle in Hausenborn wurde für einen Eremiten eine eigene Wohnstatt, ein Anbau errichtet sowie ein eigenes Gebäude für den Geistlichen und zwei Mägde. In den alten Kirchenbüchern einiger unserer Wallfahrtskapellen wie Niedersteinebach (Pfarrei Horhausen), Herrschbach (Ww.) oder die Kreuzkirche Waldbreitbach werden Eremiten nicht als Mönche oder zu verehrende „Heilige Männer" beschrieben, sondern als Männer, als Einsiedler, die von der Amtskirche die Erlaubnis erhielten, in einer an die Wallfahrtskapelle angebauten Klause geschützt neben der Kapelle wohnen zu dürfen. Dafür hatten sie im 17. und 18. Jahrhundert Aufgaben eines Küsters. Das Kirchengebäude war mit allem zu versorgen, u. a. mit Kerzen oder Weihwasser. Das Gebäude galt es zu reinigen. Der Opferstock musste bewacht werden. Manche Eremiten halfen beim Gottesdienst und bezogen dafür ihren Lebensunterhalt aus dem Pilgergeldaufkommen. Im Trierer Unter- oder Niederstift Koblenz gab es 15 solcher Eremiten, die in Eremitagen bei den Wallfahrtskirchen wohnten. Sie hatten auch das Recht, in festgelegten Bezirken Almosen für die Wallfahrtskapellen zu sammeln. Der Eremit der Waldbreitbacher Kreuzkapelle durfte bis Linz/Rhein und Andernach gehen, um Almosen mit Erlaubnis des Trierer Bischofs zu erbetteln.

Das Aus für die Wallfahrten nach Hausenborn

Im Jahr 1784 kam allerdings das Aus für die Wallfahrten nach Hausenborn. Per Dekret verbot der Trierer Erzbischof Clemens Wenzeslaus 1784 alle Prozessionen, die über eine Fußstunde hinaus sich aus den Pfarreien bewegten. Weniger die beginnende Auf-

klärung sorgte für diese Verordnung. Sie galt für alle Pfarreien im Bistum Trier. Zu oft waren Klagen laut geworden, dass bei diesen Wallfahrten nicht nur die Frömmigkeit im Vordergrund stand, zu lange blieben die Wallfahrer von zu Hause fern, ließen Feld und Ernte im Stich, suchten Händel mit anderen Pilgern oder gaben ihr Geld für nicht religiöse Zwecke aus.
Das wundertätige Marienbild von Hausenborn wurde in einer feierlichen Prozession vier Jahre später der Isenburger Pfarrkirche anvertraut, wo es seitdem an einem Seitenaltar weiter verehrt werden kann. Die Hausenborner Pieta ist ein gebranntes, in den traditionellen Farben bemaltes Tonbild. Sie wird kunsthistorisch den rheinischen Gnadenbildern des späten Mittelalters zugeordnet.

Bild unten:
Die mittelalterliche Pieta wurde in der Isenburger Dorfkirche aufgestellt.

„Ruine lebt"

Die Ruine der Hausenborner Wallfahrtskapelle wurde im letzten Jahrhundert ebenso wie die Gnadenkapelle von engagierten Christen liebevoll und mit viel Mühe fachkundig restauriert, um sie ebenso der Nachwelt als historisches Kleinod zu erhalten, wie den immer noch rund 10000 Pilgern im Jahr, die auch ohne echtes Gnadenbild den Wallfahrtsort Hausenborn mit dem Duplikat der Pieta besuchen. „Oft brennen morgens Kerzen, wenn ich die Ruine Hausenborn bei meiner Morgenrunde besuche", berichtet ein Dorfbewohner.

Steckbrief

Hausenborn liegt auf halber Strecke zwischen Bendorf und Dierdorf im Sayntal. Das nahe Dorf Isenburg schmiegt sich mit seinen 700 Einwohner um die Ruinen der Isenburg. Das Dorf liegt im Knotenpunkt der drei tief eingeschnittenen Seitentäler der Bäche Ommelsbach, Wiebelsbach und Iserbach. Alle drei fließen innerhalb der Ortslage Isenburg in den Saynbach. Das Vesperbild, Anlass für die Wallfahrt, wurde nach dem Verfall der Wallfahrtskapelle in die Kirche nach Isenburg gebracht, ebenso das alte Kruzifixus.
Die höchste Erhebung ist der Iserkopf mit 313 m über NN. Isenburg hat über den Fußweg zur Kirchenruine Hausenborn einen offiziell ausgewiesenen Zuweg zum Rheinsteig. Man erreicht Isenburg von Koblenz oder Neuwied kommend ab Bendorf über die B 413 nach 7 km, oder von der A3 (Ausfahrt Dierdorf) über Kleinmaischeid nach etwa 4 km. Am Ortsausgang von Isenburg in Richtung Bendorf führt auf der rechten Seite ein steiler Pfad zur Kirchenruine Hausenborn. Ausgeschildert.

Benediktinerinnen aus Bonn stifteten

PILGERKAPELLE BÜRDER

NIEDERBREITBACH Bürder an der Wied, ein vom Verkehr kaum berührter Ortsteil der Gemeinde Niederbreitbach, blickt auf eine jahrhundertealte Wallfahrtstraditon zu seiner über 600 Jahre alten rheinischen Sitzmadonna zurück. Noch heute pilgern die Gläubigen aus Wald- und aus Niederbreitbach zur lächelnden Sitzmadonna ins einsam liegende Bürder an die Wiedschleife. Die Madonna des alten Wallfahrtsortes wird kunsthistorisch in die Zeit der Spätgotik um 1380 n. Chr. eingeordnet. Der kleine Ort Bürder hieß wegen seiner versteckten Lage bei den einheimischen früher nur „Im Winkel". Eine erste Wallfahrtskapelle wurde nachweislich als Fachwerkhäuschen um 1730 in Bürder errichtet. Es kann aber ohne weiteres sein, dass das Kloster Schwarzrheindorf wie auch in Heisterbacherrott im Ort Bürder eine kleine Kapelle errichten ließ. Es war damals üblich, dass das Gesinde, welches für ein Kloster arbeitete, auf dem Gesindehof eine Gebetsstätte erhielt. Die Wallfahrtskapelle aus Bürder wurde 1970 als baufälliges Fachwerkhaus abgebrochen. Sie wurde im Freilichtmuseum Roscheider Hof bei Konz im Landkreis Trier-Saarburg wieder aufgebaut (s. S. 123). Dort steht sie als einziges rechtsrheinisches Bauwerk. Die abgebrochene Wallfahrtskapelle war 2,80 m tief. In Bürder allerdings verblieb die kirchengeschichtlich äußerst wertvolle Marienstatue. Wie die Madonna nach Bürder gekommen ist, lässt sich nicht klären. Bekannt

Bild oben:
Die Doppelkirche in Schwarzrheindorf bezog einen Teil ihres Einkommens zum Unterhalt der dort lebenden Nonnen vom Verkauf der in Niederbreitbach auf dem Rheindorfer Hof erzeugten landwirtschaftlichen Produkte. Die Doppelkirche von Schwarzrheindorf wird ausführlich im Band II der Buchreihe vorgestellt.

ist, dass das von Arnold zu Wied in Schwarzrheindorf gestiftete Benediktinerinnenkloster mit seiner Doppelkirche St. Maria und St. Clemens an der Wied in Niederbreitbach reich begütert war. Dortige Ernteerträge sollten den Stiftsdamen am Rhein ein Auskommen in Schwarzrheindorf sichern helfen. In Bürder wird 1468 erstmals der „Hof Schützeichel" mit dem Namen „Schudensichel" erwähnt, ein zehntpflichtiger Bauernhof. Er war im Besitz des Zisterzienserklosters Heisterbach, weshalb dieser auch zeitweise „Heisterbacher Hof" genannt wurde. Da der Kapellenbau zum Schutz der Holzfigur erst auf 1730 datiert ist, kann aber auch nicht ausgeschlossen werden, dass die wertvolle Sitz-Madonna während der Kriegshandlungen des Truchsessischen (um 1585) oder des Dreißigjährigen Kriegs ins unzugängliche liegende Bürder ins Versteck gebracht wurde. Im 18. Jh. wurde dann eine Kapelle im Ort errichtet.

Sitzmadonna

Die Sitzmadonna von Bürder und das Kind lächeln, wobei die Madonna ihren Blick nicht dem Kinde zuwendet, sie schaut auf den Betrachter. Das Lilienzepter, das Maria in der rechten Hand hielt, ist verloren gegangen. Der Rock Marias ist mit gemusterten Borten gesäumt. Der Mantel fällt senkrecht von den Knien und bildet zwischen ihnen eine Dreiecksfalte: Das untere des Blocks ist dicht über dem Fuß abgeschnitten. Die Fassung ist neu. Die Figur ist ein wertvolles Stück aus der verbreiteten, zu Anfang des 14. Jh. entstandenen Gruppe der niederrheinischen Sitzmadonnen. Die Bewohner gaben ihr ein neues „würdiges" Zuhause und bauten eine moderne neue Wallfahrtskapelle, die auch bei größeren Anlässen genügend Raum bietet.

Bild links:
Das Lächeln der Sitzmadonna von Bürder gilt als ungewöhnlich unter den tausenden von Marienstatuen des Mittelalters.

Bild rechts:
Die abgebrochene Originalkapelle von Bürder wurde im Freilichtmuseum Konz wieder aufgebaut.

Steckbrief

Bürder ist ein Ortsteil der Gemeinde Niederbreitbach und liegt an der Wiedschleife 14 km von Neuwied entfernt zwischen Datzeroth und Niederbreitbach. Ausgeschildert an der L 255.

Wallfahrtskapelle wurde Keimzelle

ZWEIER BEDEUTENDER ORDEN

WALDBREITBACH Gleich zwei Klostergemeinschaften in der Verbandsgemeinde Waldbreitbach werten die historische Waldbreitbacher Pilgerkapelle Kreuzkirche unmittelbar an der Wied als Wiege ihrer Entstehung. Zum einen der von Mutter Rosa gegründete *Orden der Franziskanerinnen von der allerseligsten Jungfrau Maria von den Engeln*. Und zum anderen der von Bruder Jakobus gegründete *Orden der Franziskanerbrüder vom Heiligen Kreuz*. Der Bau der Kreuzkirche wurde um 1700 durch wundertätige Umstände mit Genehmigung des Erzbischofs und Kurfürsten von Trier veranlasst. Der 7,50 m lange und 5,02 m breite Chor der Kirche wurde 1694 zum Abschluss gebracht, das 14 m lang und 6,22 m breite einschiffige Langhaus und das Querschiff wurden gegen 1700 angefügt. Der Hochaltaraufsatz stammt von 1700. Am Choreingang stehen die Apostel Petrus und Andreas, sie wurden ebenfalls um 1700 geschaffen.

PARTIKEL DES ECHTEN KREUZES

Ein kleines Kruzifix, Anlass und Ursache zum Bau der Pilgerkirche, wird auf das 15. Jh. datiert, es enthält ein kleines Partikel des echten Kreuzes, an dem Jesus starb. Das Kreuz wurde 1659 von „ruchloser Hand" aus einer der Kapelle gegenüberliegenden Felsnische gestohlen und in die Wied geworfen. Um 1667 wurde

es im Fluss wiedergefunden und an der alten Stelle wieder aufgestellt. Schon im Jahr 1710 wirkte der in der Diözese Lüttich geborenen Philipp Schmitz als erster Vikar in der Kirche.

Wunder und Heilungen

Veranlassung zum Bau der heutigen Pilgerkapelle boten merkwürdige, wunderbare Begebenheiten, die sich in der Mitte des 17. Jh. zugetragen haben. Gegenüber der heutigen Kirche stand im 17. Jh. ständig ein kleines Kreuz in einer Felsnische am Felshang, der damals noch als Steinbruch von den Waldbreitbacher Dorfbewohnern genutzt wurde. Eine Landstraße, wie sie uns heute begegnet, gab es noch lange nicht. Selbst eine mit Fuhrwerken zu befahrbare Landstraße gab es erst seit Mitte des 19. Jh.
Das kleine Kreuz in der Felsnische wurde in der Bevölkerung als wundertätig verehrt und es war der Wunsch, dass das Kreuz alsbald in einer größeren Kirche neu aufgestellt werden sollte. Der Trierer Erzbischof sandte Pfarrer Grell aus Linz und den Kapuzinerpater und Guardian des Linzer Kapuzinerklosters,

Pater Johannes Baptista Aquensis nach Waldbreitbach, Zeugen zur tatsächlichen vom Kreuze ausgehenden Wundtätigkeit zu hören. Am 27. September 1699 wurden zahlreiche ältere Waldbreitbacher verhört, die zu berichten wussten, dass ein Ketzer 1659 das Kreuz in die Wied geworfen habe. Ein zweiter Bericht sagte dann aus, dass einer der „Missetäter" mit einer gebogenen Mistgabel 1667, also acht Jahre später, nach dem Kreuz in der Wied herumgestochert habe und es tatsächlich unversehrt in einem Leinenbeutel wiedergefunden habe, der nicht verrottet gewesen sei, trotz Schnee, Eisschollen und Sommerhitze in all den Jahren. Ein weiterer Bericht besagte, dass der Pflegesohn des verstorbenen Gärtners Johann Paffen, der im Verdacht stand, das Kruzifix in die Wied geworfen zu haben, Erscheinungen im Traum gehabt habe. Er bekomme von seinem Vater immer wieder die Stelle im Traum gezeigt, wo das Kruzifix in der Wied läge, es müsse gefunden werden, sonst könne er den Frieden im Tode nicht finden. Das Kreuz sei an der Stelle gefunden worden, der Christuscorpus habe noch ein Kleidchen getragen. Im Volksglauben war damit das Kreuz heilig, und die Verhöre ergaben eine lange Liste von Wundern und Heilungen, die durch das Anbeten dieses Kreuzes stattgefunden hatten. So gab es alsbald die bischöfliche Erlaubnis zum Bau einer größeren Kapelle zur Verehrung des wundertätigen, historischen Kreuzes. Schon für 1708 ist nachgewiesen, dass Hubert Quirenbach die bischöfliche Erlaubnis aus Kurköln und aus Kurtrier hatte, als Eremit an der Kirche zu wohnen und für den Bau der Kapelle Almosen einzusammeln. Und für 1704 beschreibt Eremit Quirenbach, dass mit eingesammelten 800 Talern ein Barockbau im Grundriss die Form eines Kreuzes habe und einen hübschen zweigeschossigen Dachreiter trage.

Mutter Rosa wurde 2008 von der katholischen Kirche selig gesprochen

1851 verließ Vollwaise Margaretha Flesch ihr Niederbreitbacher Elternhaus und zog mit ihrer Schwester Maria Anna in eine der beiden Eremitenwohnungen

in der Kreuzkapelle. Die Bedingungen in der unbeheizten Behausung in schneereichen Wintern waren hart. Zwischen 1852 und 1863 lebte sie von Handarbeitsunterricht in verschiedenen Schulen, übernahm Näh- und Flickarbeiten, war in der ambulanten Krankenpflege tätig und kümmerte sich um Waisenkinder ihrer Umgebung. Margarethe Flesch, so der bürgerliche Name von Mutter Rosa, wollte gegen den anfänglichen Widerstand des Ortspfarrers von Waldbreitbach einen Frauenorden zur Unterstützung der Ärmsten gründen. Margarethe Flesch verließ die Klause und gründete auf dem oberhalb der Kreuzkapelle liegenden Berg mit bescheidenen finanziellen Mitteln ein Haus, um Waisenkinder aufzunehmen.[1] Mutter Rosa, als auch die geistlichen Brüder um Peter Wirth, legten um 1862/63 ihre Ordensgelübde in der Kreuzkapelle ab. Ohne Studium war es ihnen gelungen, neue Orden, die heute weltweit aktiv sind, von der Kreuzkirche aus ins Leben zu rufen.

Bild oben:
Mutter Rosa, im Alter von ca. 60 Jahren.

Ordensgründer Jakobus Wirth

Schuhmachermeister Peter Wirth, geboren am 15. Oktober 1830 in Niederbreitbach, lebte ebenfalls in ärmlichsten Verhältnissen und war mit zehn Jahren schon Vollwaise. Sein Onkel, ein Lehrer, nahm den Burschen auf, der unbedingt Priester werden wollte, wozu das Geld nicht reichte. So lernte er Schumacher und bat auf seinen Wander- und Gesellenjahren bei verschiedenen Orden um Aufnahme, aber erst der so genannte „Dritte Orden des Heiligen Franziskus", eine Lai-

Bild oben:
Schuhmachermeister und Ordensgründer Peter (Jakobus) Wirth

[1] *Kracht, Hans-Joachim: „Rosa Flesch. Leidenschaft für die Menschen. Margaretha Rosa Flesch – Leben und Wirken", Trier 2005*

envereinigung, gewährte dem Schuster den Beitritt am 10. April 1853. Nicht nur Adolf Kolping engagierte sich also im 19. Jahrhundert, sondern gemeinsam mit anderen sozial gesinnten Handwerkern nahm Jakob Wirth Waisenknaben auf, um ihnen eine berufliche Ausbildung zu sichern. Er erlangte von der Waldbreitbacher Pfarrei die Genehmigung, in die Klause an der Kreuzkapelle einzuziehen. Am 12. Juni 1862 konnte mit Hilfe des Pfarrers Gomm und Erlaubnis des Bischofs von Trier die Kongregation der Franziskanerbrüder vom Heiligen Kreuz (FFSC) gegründet werden. Zur Einkleidung nahm er den Namen Jakobus an.

Wallfahrtsort Kreuzkapelle

Rund 150 Jahre lang zogen immer wieder Wallfahrten zur Waldbreitbacher Kreuzkapelle, die auch stets in

ihren angebauten Nebengebäuden Bewohner hatte, die sich um das Gotteshaus kümmerten. Besonders im 18. Jahrhundert war die waldbreitbacher Kreuzkirche ein beliebter Wallfahrtsort. Als um 1900 die Kapelle so baufällig war, dass sie abgebrochen werden sollte, spendete die Bevölkerung so reichhaltig, dass eine völlige Restaurierung möglich war. Dabei wurden die Anbauten an den Nischen, die Wohnungen während 200 Jahren, entfernt. Heute ist die Wallfahrtsstätte Kreuzkapelle im Besitz der Franziskanerbrüder vom Heiligen Kreuz in Hausen.

Bilder oben und rechts: Die Wallfahrtskapelle in Waldbreitbach.

STECKBRIEF

Die Kreuzkapelle liegt an der Landstraße Waldbreitbach-Neuwied zwischen dem Kernort und dem Nachbarort Hausen am Wiedufer. Waldbreitbach liegt rund 16 km nördlich von Neuwied und westlich der Anschlussstelle 36 der Autobahn A3. Der Ort hat als Krippen- und Weihnachtsdorf besondere touristische Bedeutung erlangt.

„Zu den sieben Schmerzen Mariens“

NACH VERSCHEID

VERSCHEID Eine zweieinhalb Kilo schwere Kerze schenkten die Bürger der Gemeinde Kurtscheid im Kreis Neuwied am 100. Gedenktag ihrer jährlichen Wallfahrt der Wallfahrtskirche „Zu den sieben Schmerzen Mariae“ in Verscheid, einem Ortsteil der Gemeinde Breitscheid. Verscheid ist nicht wirklich groß, hat aber dennoch für viele Menschen eine besondere Anziehungskraft. Grund dafür ist die Kirche „Zur schmerzhaften Mutter“, denn sie ist seit Jahrhunderten eine Wallfahrtsstätte. Das belegen nicht nur die zahlreichen Votivtafeln im Innern der Kapelle. Die Kapelle wurde im Laufe ihrer Geschichte verlängert. Der alte Teil der Kapelle, die später erweitert wurde, zeigt spätgotische Formen. Der Anbau im Norden und Verlängerungen nach Westen sind erst in jüngerer Zeit entstanden. Die mittelalterlichen Freskenmalereien im alten Teil wurden 1972 umfangreich und unter fachkundiger Aufsicht von Bistum und Landesdenkmalamt renoviert, wobei spätgotische Ausmalungen freigelegt wurden. Heutige Besucher sehen die Fresken und die gesamte Kirche in ihrem ursprünglichen Zustand. Kirchenmalerin der Renovierungen war Gisela Schreyögg (Leutesdorf). Malermeister Schicker (Waldbreitbach) hatte 1906 bei einer Ausmalung die Reste einer früheren Ausmalung auf den Gewölbefeldern entdeckt. Zu sehen sind ein Kirchenvater, ein Apostel und ein fliegender

Bilder oben:
Kunstvoll bemalte Decken im Innern der Kapelle.

Engel. Im 17. Jh. erhielt die Kirche einen 8 m tiefen Anbau, der mit einem Holztonnengewölbe gedeckt wurde. Das nördliche Seitenschiff und eine Sakristei sind der zweite zusätzliche Anbau. Besonderen kunsthistorischen Wert haben ein Christusgemälde (Ecce Homo), Öl auf Holz aus der Zeit um 1700 und ein über 600 Jahre altes Vesperbild (Marienpieta).

Nicht nur Kurtscheider Gläubige pilgern nach Verscheid

Noch heute pilgern jährlich am 1. Mai Kurtscheider Gläubige nach Verscheid. Ende des 18. Jh. beschloss die Dorfgemeinschaft von Kurtscheid jährlich eine Bittprozession und Fußwallfahrt nach Verscheid zu unternehmen. Vom Dorf Kurtscheid aus gingen die Bewohner laut betend hinter einem Kreuz her, zuerst hinunter ins Fockenbachtal, entlang der ehemaligen Glashütte und dann wieder bergaufwärts nach Verscheid. Es war der Dank, dass das Dorf den Krieg und die nachfolgende Seuche überlebt hatte. Die französische Armee hatte 1795 die Ostgrenze des französischen Staates bis zum Rhein verschoben und war nun im Kampf mit österreichisch-kaiserlichen Soldaten. Französische Revolutionstruppen[1] hatten sich 1797 in Kurtscheid einquartiert und raubten der einheimischen Bevölkerung, was Hof und Stall noch hergaben. Durch eine Seuche war das restliche Vieh,

[1] *1797 errangen französische Revolutionstruppen unter General Lazare Hoche gegen die österreichische Armee den ersten größeren Sieg in den Koalitionskriegen.*

das die jeweiligen Besatzungssoldaten in diesem Krieg auf den Höhen des Westerwaldes übrig gelassen hatten oder von den Bauern noch rechtzeitig in die nahen Wälder getrieben worden war, in den umliegenden Dörfern weggerafft worden. Da beschlossen die Kurtscheider, dass außer den zur Beaufsichtigung der Häuser und Hütten notwendigen Personen alle Bürger an einer Prozession zur Wallfahrtskapelle nach Verscheid teilnehmen mussten. Es ist für Verscheid außerdem nachgewiesen, dass es schon 1701 eine Prozession aus dem Ort Horhausen gab. Außerdem steht fest, dass am vierten Freitag nach Ostern jeweils große Pilger-Prozessionen aus den Wiedtalgemeinden Neustadt und Peterslahr zur Kapelle stattfanden. Viele Votivtafeln im Innern bezeugen, dass Suchenden in dieser Kapelle geholfen wurde. Viele Bürger stifteten der Kapelle aus Dankbarkeit Geld, so dass zu Beginn des 19. Jahrhunderts das Kapellenvermögen so bedeutend war, dass der Vikar von Kurtscheid 1832 versuchte, den Kirchenbezirk Verscheid seiner Kurtscheider Pfarrei einzugliedern. Im Jahr 1826 betrug es 2.105 Taler und war damit höher als das aller Filialkapellen im Waldbreitbacher Land. Dies lehnte allerdings der Bischof zu Trier ab.

Baugeschichte

Die Verscheider Kapelle soll aus dem 13. Jh. stammen. Gesichert wird sie 1526 in einer Urkunde genannt. Zum einen wird für das 13. Jh. ein Hof in Verscheid aufgeführt als Wirtschaftshof für die Neuerburg oberhalb des Fockenbachtales. Das Kloster Ehrenstein, das im Mittelalter von der Ritterfamilie von Nesselrode gegründet wurde, wurde in Verscheid mit einem Lehenshof begütert. Die niederadlige Familie Munt (oder Mant) von Selbach besaß zu dieser Zeit das Acker- und Waldland von Verscheid. Sie musste sich aus finanziellen Gründen von ihren Gütern trennen. Als Käufer der Mant'schen Besitzungen trat im frühen 15. Jh. Wilhelm von Nesselraid auf. Der Verscheider Hof war nunmehr im Eigentum der Nesselroths. Somit gelang der Verscheider Hof großenteils in die Ausstattung der damals neu gegründeten Klosters

Ehrenstein (1486). Kloster Ehrenstein ließ auch die Fockenbachsmühle im frühen 17. Jh. errichten. Die Ehrensteiner Armenstiftung wurde mit dem Verscheider Hof ausgestattet, der bald in der Bevölkerung den Namen „Armenhof" innehatte. Kirchenhistoriker führen die Entstehung der Kapelle zurück bis ins 15. Jh. Demnach soll das Kirchlein auf einen Beschluss des Kölner Provinzialkonzils zurückgehen, bei dem beschlossen wurde, der Volksfrömmigkeit durch das Stiften neuer Kapellen positiv zu begegnen. Im Jahre 1423 hielt das Kölner Provinzialkonzil das gläubige Volk an, die Schmerzensmutter mit doppeltem Eifer zu verehren und führte deshalb das Kompassionsfest, das Fest der Betrübnis und der Schmerzen Mariae unter dem Kreuz, ein. Dafür spricht auch die in der Kirche aufgestellte über 600 Jahre alte hölzerne Pieta[2] die um 1400 angefertigt wurde und ungefähr den Typus der böhmischen Pietà-Gruppen dieser Zeit darstellt, nur, dass der Korpus aufgerichtet ist. Die Waldbreitbacher Deutschherrenkommende musste lange Zeit die Kirche in Verscheid personell tragen. Auch hatten die Deutschherren die Aufgabe, die Seelsorge in dieser Wallfahrtskapelle sicherzustellen.

Bild oben:
Die Pieta der Verscheider Kapelle.

STECKBRIEF

Verscheid ist ein Ortsteil der Fremdenverkehrsgemeinde 53547 Breitscheid (Westerwald). Die Gemeinde gehört der Verbandsgemeinde Waldbreitbach an, die ihren Verwaltungssitz in der Gemeinde Waldbreitbach hat. Unmittelbare Nähe zur A3. Ausfahrt Neustadt/Wied oder Ausfahrt Altenkirchen.

[2] *Eine Pieta ist eine Skulptur Mariens, die den vom Kreuz abgenommenen Körper auf dem Schoß hält. Das Bild beziehungsweise die Skulptur zieht Beter an, die Trost in ihrem Leid suchen.*

Wallfahrt zum Jakobus-Sarkophag entwickelt sich –

Franziskanerkirche Hausen

Hausen In der Turmkapelle der St. Josefskirche des Hausener Klosters der Franziskanerbrüder ruhen die Gebeine des Jakobus Wirth[1] aus Niederbreitbach. Der Sarkophag des Ordensstifters wurde bewusst in die Turmkapelle auf Kirchenschiffniveau aufgestellt. Bruder Jakobus, mit bürgerlichem Namen Peter Wirth war ein heller Kopf, musste aber aus Armutsgründen eine Schuhmacherlehre beginnen. Der nach frühen Berichten in sich gekehrte Peter schloss sich früh den Franziskaner-Tertiaren an, die sich in seiner Heimat sozial-religiös engagierten. Diese Vereinigung engagierter Christen traf sich regelmäßig zu Gebet, Gesang, Nächstenliebe und Religionsunterricht. Dort lernte Peter Wirth Johannes Pück kennen. Beide gründeten im August 1854 in Niederbreitbach eine Wohngemeinschaft frommer Handwerker. In ihrer Obhut sollten Waisenkinder ein Zuhause finden, Erziehung und Bildung genießen. Damit schlugen die „Pioniere" einen steinigen Weg ein: Es mangelte nicht nur am Nötigsten. Obendrein ernteten sie von der Bevölkerung Hohn und Spott. Doch Peter Wirth war stets vom Gedanken beseelt: „Gott baut sein Werk auf das Niedrige." Weitere junge Handwerker schlossen sich

[1] *Bruder Jakobus wurde am 15. Okt. 1830 als Peter Wirth in Niederbreitbach/Wiedtal geboren. Er war das 4. Kind der Eheleute Theodor und Katharina Wirth. Sein Vater war Schafhirte, seine Mutter betrieb eine kleine Schenke. Mit 9 Jahren verlor Peter seinen Vater, mit 10 wurde er Vollwaise.*

Bild oben:
Die sterblichen Überreste des Bruder Jakobus in der Klosterkirche Hausen.

der Gemeinschaft an. Es folgte der Umzug in eine der Klausen an der Kreuzkapelle. Immer stärker fühlte er sich dem Ordensstand hingezogen und acht Jahre später, im Jahr 1862 gründete er die Kongregation der Franziskanerbrüder vom Heiligen Kreuz. Bei der Pflege von Pockenkranken infizierte sich der 41-jährige Ordensgründer und verschied am 28. März 1871.

Wallfahrt zu Bruder Jakobus

1957 wurden die sterblichen Überreste vom Ordensgründer Bruder Jakobus vom allgemeinen Friedhof von Waldbreitbach in die Turmkapelle der Klosterkirche zu Hausen übertragen. Sein Grabmal ist nun ein Ort des fürbittenden Gebetes. Es ist schon von einigen auffallenden Gebetserhörungen berichtet worden, die seiner Hilfe zugeschrieben werden.

Klosterkirche Hausen

Die Grundsteinlegung erfolgte 1905 vor über 100 Jahren und die Kirchweihe fand schon am 06. September 1906 statt. Architekt Theodor Hermann (Neuwied) plante die Klosterkirche im Stil der rheinischen Neugotik als vierjochige Hallenkirche mit einem breiten Querschiff und einem mächtigen Vierungsquadrat, dazu eine vom Sakristeiumgang eingefasste Altarapsis. Von dort führte der Zugang zum Konvent der Brüder. Das vierte Joch wurde über der Eingangstüre unter der Orgelempore angebracht und sicherte die Zugangstüre für das Dorf Hausen. Der Zugang vom Dorf her führte anfangs durch den 53 Meter hohen Kirchturm über eine spärlich beleuchtete Wendeltreppe. Spätere Umbauten in den Jahren 1956 und 1992 korrigierten diese Planung. Die Außenwände der Kirche bestehen aus „steinsichtig" vermauerten, grob gefugten Bruchsteinen. Die feinen Architekturelemente wie die Eck- und Strebepfeilerquaderungen oder die Fenstergewände sind aus Westerwälder Trachyt gefertigt. In der Kirche sind viele Architekturteile wie Säulen, Kapitelle, Gurtbögen oder Gewölberücken ebenfalls feine Steinmetzarbeiten. Farbig gefasste und verputzte Gewölbesiegel sind Merkmale der Spätgo-

Bild oben:
Der begehbare Stein des georgischen Künslers Nika Bakhia.
Foto: Beate Christ

tik. An der Klosterkirche der Franziskanerbrüder befindet sich eine über vier Meter hohe begehbare Skulptur aus Sandsteinmonolith, die einen einzigartigen Blick in den Himmel ermöglicht. Geschaffen wurde sie 2007 von dem aus Georgien stammenden Bildhauer Nika Bakhia (s. Bild links). Für den Lichtfall in die Tiefe der Skulptur sorgt ein „zum Himmel gerichtetes" Kreuz. Für Bakhia symbolisiert das die Verbindung des Kunstwerks mit dem Kosmischen.

Fenster

Die üppig gestalteten Fenster (siehe S. 150-151) sind prägend für spirituelle Ausstrahlung und Atmosphäre. Bruder Notker Becker[2] (Maria Laach) schuf sie 1954 im Spät-Jugendstil. Vor allem das große Marienfenster in der Südwand des Querhauses und der Zyklus „Sonnengesang des Franziskus" beeindrucken. Nach dem Konzil von 1963 wurde die Innengestaltung der Kirche unter Architekt Klaus Richter (Neuwied) in Zusammenarbeit mit dem Bildhauer Hans Rams (Niederbreitbach) neugeordnet. Der Mönchschor wurde zum Kirchenschiff hin geöffnet. Die Seitenaltäre

[2] *Bruder Notker Becker (1883 - 1978) ist wahrscheinlich der bekannteste Laacher Künstler des 20. Jahrhunderts. Er prägte sechzig Jahre das geistige und kulturelle Bild der Laacher Benediktiner mit. 1883 in Mülheim/Ruhr geboren. 1903 ins Kloster Maria Laach eingetreten. Er arbeitete an den Mosaikapsiden in der Laacher Kirche mit. In vielen künstlerischen Techniken war er bewandert. Radierungen zur Laacher Landschaft gehörten zu seinen besten Arbeiten. Er schuf das Christusbild in der Laacher Aula und malte die Laacher Sakristei aus. Zu seinen Arbeiten gehörte auch Glaskunst. In der Laacher Kirche ist von ihm ein großes Fenster im nördlichen Querhaus. Er arbeitete auch in den Kirchen von Dudelingen; Mersch (Luxemburg), in Branitz/Schlesien und in Wien.*

wurden zurückgesetzt. Die Chorstufen zu Lasten der Kommunionsbänke auf die gesamte Breite des Mittelschiffs vergrößert. Der alte Hochaltar behielt und der neue Zelebrationsaltar fand im Zentrum der Kirche seinen Platz. Das neue Chorgestühl wurde so angeordnet, dass sich die Gemeinde nun dreiseitig um den Altar versammeln kann. Auch der Eingang wurde neu gestaltet und die 100-Jahre alte Ausmalung der Kirche rekonstruiert.

STECKBRIEF

Im Wiedtal befindet sich der Geburtsort des Ordensgründers, die Gemeinde Niederbreitbach. Dort lebte der Vollwaise anfangs bei seinem Onkel, einem Dorflehrer. In der Näher des Klosters ist die Kreuzkapelle an der Wied. Die Grabkapelle ist in der Klosterkirche. Zur gesamten Klosteranlage gehören das St. Josefshaus für Alten- und Langzeitpflege mit 286 Plätzen in verschiedenen Gruppen, Wohn- und Hausgemeinschaften und Außenwohngruppen sowie Betreutes Wohnen. Ebenso die St. Franziskushaus Einrichtung für geistig behinderte Menschen und das St. Annahaus. **Franziskanerbrüder vom Heiligen Kreuz e.V. St. Josefshaus, Mutterhaus in 53547 Hausen/Wied.**

SELIG DIE RUHEN IN DEINEM ALLERHEILIGSTEN WILLEN +
+ DENN +
IHNEN TUT DER
ZWEITE TOD KEIN
+ ÜBEL +

Gebeine Mutter Rosas kehren nach

Waldbreitbach zurück

Waldbreitbach Seit Mai 2008 befindet sich der Sarkophag der selig gesprochenen Ordensschwester Mutter Rosa[1] aus Waldbreitbach wieder im Mutterhaus[2] des Ordens der Franziskanerinnen der allerseligsten Jungfrau Maria von den Engeln. Der Sarkophag mit den Gebeinen von Mutter Rosa war bis zum 07. Mai 2008 im Trierer Dom aufgestellt worden. Der Kölner Joachim Kardinal Meisner und Triers zukünftiger Bischof Dr. Stephan Ackermann hatten im Hohen Dom zu Trier am 04. Mai 2008 die Ordensgründerin selig gesprochen. Im Anschluss gab es dreitägige Feiern im Trierer Dom, in deren Zentrum an jedem Tag die Eucharistiefeier stand. Tausende nutzten an den drei Tagen die Gelegenheit, die neue Selige im Dom zu verehren. Margarethe Flesch wurde 1844 vom Bischof von Trier gefirmt und erfuhr von der Wallfahrt zum Heiligen Rock. Die Begegnung mit dem Heiligen Rock hatte ihr eine innere Gewissheit gegeben. Sie schaffte es nach langem und zähem Kampf mit der kirchlichen Obrigkeit im Ort Waldbreitbach 1861 vom Trierer Bischof Arnoldi selbst die

[1] *Margaretha Flesch 24.02.1826 in Schönstatt/Vallendar geboren. Verstorben 1906. Ältestes Kind des Ölmüllers der Klostermühle, Johann Georg Flesch. 1832 starb die Mutter, 1842 der Vater. Fleschs lebten in der Keltermühle (Niederbreitbach) Margarethe sorgte für sechs jüngere Geschwister. Im Herbst 1851 zog Margaretha mit ihrer epilepsiekranken Schwester Marianne in eine der leerstehenden, ärmlichen Klausen in der Kreuzkapelle bei Waldbreitbach.*

[2] *Das Waldbreitbacher Kloster ist das Mutterhaus des Waldbreitbacher Ordens der Franziskanerinnen von der allerseligsten Jungfrau Maria von den Engeln.*

Bild oben:
Margarethe Flesch im Alter von ca. 40 Jahren.

Erlaubnis zu erhalten, einen Orden gründen zu dürfen. Der Waldbreitbacher katholische Geistliche Jakob Gomm lehnte eine Ordensgründung durch Frauen ab. Er ging davon aus, dass die Frauen sich auch so um Arme und Kranke kümmern sollten. Er lehnte auch die Vorstellung von Margarethe Flesch und ihren beiden Gefährtinnen ab, ein Haus für Arme, Kranke und Waisen zu bauen. Dabei liefen um diese Zeit zwei parallele Entwicklungen in Waldbreitbach. Ebenso wie Margarethe Flesch mit zwei Gefährtinnen sich um die noch Ärmeren kümmerte und sie beispielsweise anleiteten, durch die Annahme von Näharbeiten sich selbst ihren Unterhalt zu verdienen, engagierte sich der Schuhmachergeselle Wirth in Waldbreitbach mit seinen beiden Gefährten ebenfalls für die Armen und Schwachen. Es war eine Zeit großer Not, es gab im Wiedtal zu wenig Arbeit und keine Industrie. Nicht jeder hatte den Mut, ins Ruhrgebiet zu gehen, um sich dort Arbeit zu suchen.

Peter Wirth erhielt vom Waldbreitbacher Pfarrer Jakob Gomm die Erlaubnis in der ehemaligen Klause im ersten Stock der Kreuzkapelle wohnen zu dürfen, dadurch musste Margarethe Flesch, die zuvor bis 1857 schon in der Klause gewohnt hatte, die Kreuzkapelle verlassen. Sie fand eine armselige Wohnung im Nachbardorf Hausen. Margarethe erwarb 1857 mit ihren bescheidenen finanziellen Mitteln von einem Bauern ein Stück Land auf einem Waldbreitbacher Berghügel oberhalb der Kreuzkirche. Heute heißt der Berg im Volksmund „Kapellenberg“. Flesch begann, ein Haus zu bauen. 1860 trugen die Frauen die Baumaterialien den Berg hinauf zur Baustelle. Ende 1861 konnten sie ihr „Marienheim“ beziehen. Am 13. März 1863 erhielten Margaretha Flesch, Maria Bonner und Gertrud Beißel in der Kreuzkapelle ihr Habit und ihren Schleier. Margaretha nahm den Namen Maria Rosa an, Maria Bonner hieß jetzt Schwester Maria Franziska und Gertrud Beißel Schwester Maria Theresia. Der Orden wurde 1863 von M. Rosa Flesch gegründet. Vor ihrem 40. Lebensjahr versammelte

Bild oben:
Die sterblichen Überreste des Mutter Rosas sind nach der Seligsprechung 2008 wieder nach Hausen zurück gekehrt.

Margareta Flesch bis zur Gründung ihrer Klostergemeinschaft in Waldbreitbach ausschließlich arme Mädchen um sich, unterrichtete sie in Haushaltsführung und sorgte für ihren Lebensunterhalt. Sie verhinderte somit den Verkauf der Kinder an die umliegenden Dörfer. 1878 waren trotz Kulturkampf in Preußen 100 Schwestern dem neuen Franziskanerinnenorden beigetreten. 1906 starb Mutter M. Rosa. Ihr Orden verfügte über 67 Niederlassungen und über 900 Schwestern oder Novizinnen und Postulantinnen.

Wallfahrt ins Wiedtal hat begonnen

„Vorbereitet durch „Exerzitien im Alltag“ vor einigen Monaten und geleitet von dem Leiter des Geistlichen Zentrums, Pastoralreferent Holger Sturm, fuhren 50 Personen aus dem Dekanat Völklingen an den Wirkungsort der am 04. Mai d. J. durch Papst Benedikt XVI. selig gesprochenen Mutter Rosa Flesch nach Waldbreitbach ...“,[3] ist eine von vielen Meldungen, wie sie seit Mai 2008 in den lokalen Zeitungen oder Internetauftritten katholischer Gemeinden zu lesen sind. Die Wallfahrt zur selig gesprochenen Mutter Rosa hat intensiver eingesetzt als je zuvor.

Kirche im neugotischen Stil

Die Waldbreitbacher Klosterkirche wurde 1886-1887 wurde durch den Düsseldorfer Architekten Caspar Clemens Pickel im neogotischen Stil gebaut. Auf dem Klostergelände betreiben die Schwestern Kräuter- und Bibelgarten, verschiedene Läden und Werkstätten. Erweiterungsbauten des Mutterhauses fanden 1864-1874 statt.

[3] Vergl.: Geistliches Zentrum des Dekanates Völklingen. E-Mail: info@geistliches-zentrum-puettlingen.de

Steckbrief

Das Kloster liegt auf dem zur Waldbreitbacher Kreuzkapelle gehörigen Kapellenberg am Westrand des Ortsteils Glockscheid. Angegliedert sind eine Akademie und ein psychiatrisches Krankenhaus. 1891 wurde das benachbarte Antoniushaus als psychiatrisches Krankenhaus (im Kaufvertrag des Areals vom 05. Oktober 1888 „Irrenanstalt" genannt) mit eigener Kapelle fertig gestellt. Die Klinik zog 1983 in einen Neubau an der Peripherie des Klostergeländes um, während der ursprüngliche Kranken-Trakt heute als Akademie genutzt wird. 2003 gestalteten die Franziskanerinnen den Außenbereich des Klosters zu einem öffentlich zugänglichen Schöpfungspfad mit Biotopen, Streuobstwiesen, um. Zum Besucherbereich gehören ferner ein Café-Restaurant mit Panoramaterrasse, ein Kloster- und ein Buchladen.

Statt Fleschmühle – Mutter Rosa

Kapelle im Fockenbachtal

Fockenbachtal Der Vallendarer Ölmüller Georg Flesch arbeitete 1826 noch in der ehemaligen Klostermühle von Schönstatt bei Vallendar, hatte aber nur ein karges Auskommen. 1832 starb ihm die Ehefrau. Er hörte, dass die Niederbreitbacher Keltermühle, die ursprünglich zur Burg Neuerburg hoch über dem Fockenbachtal[1] gehörte, gepachtet werden konnte. Hier erhoffte sich der Ölmüller ein besseres Auskommen. Zu Margarethas Familie gehörten zu diesem Zeitpunkt neben dem Vater eine Stiefmutter, zwei jüngere Geschwister und drei Halbgeschwister. Da sich mehrere Müller im Fockenbachtal gegenseitig Konkurrenz machten, lebten die Fleschs stets in Existenznöten und waren zu arm, die Gebühr für den Erwerb des Bürgerrechts zu bezahlen. Trotzdem legten die Eltern Wert darauf, dass ihre Kinder zur Schule gehen konnten. 1842 starb der Vater. Margaretha sollte mit 16 Jahren die Verantwortung für das Überleben der sechs Geschwister meistern. Anfangs sammelte Heilkräuter im Fockenbachtal, trocknete sie für Heiltees daraus her, die sie an die einzige Apotheke Waldbreitbachs verkaufte. Schon damals wurde sie als Autodidaktin in der Krankenpflege kundig.

[1] *Der Fockenbach entspringt auf ca. 350 m Höhe beim Weiler Niederhonnefeld (Gemeinde Straßenhaus).*

Pilgerkapellen und Gebetsstätten

Die kleine Kapelle im Fockenbachtal gehört zum spirituellen Pilgerwanderweg[2]. Spirituelles Wandern im Tal der Wied titelte eine Lokalredakteurin der Rhein-Zeitung im August 2009. „Ein von dem Heimatforscher Hermann-Joseph Löhr entwickelter Rundwanderweg lädt zum spirituellen Wandern im Wiedtal ein. Neun Klöster, Kirchen und Kapellen warten auf dem idyllischen Weg, entdeckt zu werden. Wer die Pilgerkapellen und Gebetsstätten entlang des Rundwanderweges durchs Wiedtal und über dessen Höhen kennenlernen möchte, der startet am besten am Marienhaus in Waldbreitbach, der Mutterhaus-Kirche mit dem Sarkophag der Seligen Mutter Rosa. Von dort aus geht es vorbei an der katholischen Pfarrkirche Waldbreitbach hinab zur Kreuzkapelle nach Hausen. Die nächste Station ist die Klosterkirche der Franziskanerbrüder von Hausen. Von dort aus bietet sich ein Abstecher nach Bürder an. mit der kunsthistorisch bedeutsamen Marienstatue aus dem 14. Jahrhundert. werfen. Bevor man den Weg ins wildromantische Fockenbachtal einschlägt, wo sich die Mutter-Rosa-Gedenkstätte befindet, kann man einen Blick in die Nikolauskapelle in Niederbreitbach werfen. Hier gibt es übrigens auch ein sehenswertes Heimatmuseum. Vom Fockenbachtal geht es nun bergauf nach Verscheid zur Wallfahrtskirche, letzte Station auf dem Rundweg ist das Luh-Kapellchen, das der heiligen Apollonia geweiht ist.

Steckbrief

Von der Fleschmühle im unteren Talabschnitt ist nur noch ein Mühlstein an Ort und Stelle erhalten. Die Mühle hat nur 42 Jahre existiert, erlangte jedoch lokale Bedeutung durch die Tatsache, dass sie das zweite Elternhaus von Mutter Rosa war. Bis ins 19. Jahrhundert hinein machten sich mehrere Ölmühlen auf dem kurzen Wasserlauf gegenseitig Konkurrenz. Der Existenzkampf der Müller war hart. Das Fockenbachtal ist ca. 12 km lang und wird nordöstlich von Niederbreitbach angefahren.

[2] *Christ, Beate: „Spirituelles Wandern im Tal der Wied", in: Rhein-Zeitung 01.08.2009; Ausgabe NR und Linz.*

Dem Volksglauben stattgegeben und
EINE KAPELLE ERRICHTET

NIEDERMÜHLEN-ASBACH Seit über 400 Jahren pilgern Gläubige aus dem Siegtal ebenso wie vom Rhein in den Asbacher Ortsteil Niedermühlen. Die Niedermühlener Wallfahrt ist eigentlich die Fortsetzung der Wallfahrt zur Kirche St. Michael in Flammersfeld.[1] Seit der Reformation im benachbarten Altenkirchener Gebiet wandten sich die Gläubigen nach Niedermühlen. In der Zeit der Reformation übernahmen die Sayn-Altenkirchener Grafen den neuen Glauben Luthers an. Schon 1561 führten die Grafen von Sayn im Raum Altenkirchen die Wittenberger Reformation ein. Das schmale Bächlein Mehrbach bildete damals die Territorialgrenze ihrer Grafschaft zum Territorium des Erzbischofs von Kurköln. Mündlich überliefert ist, dass Flammersfelder Bürger im Jahr 1607 ein Vesperbild, entstanden im zweiten Viertel des 15. Jh. aus ihrer Kirche in Flammersfeld entwendeten. Sie wollten der Erzählung nach verhindern, dass die damals rund 160 Jahre alte Pieta von so genannten Bilderstürmern verbrannt worden wäre. Noch vor dem Amtsantritt des neuen radikalen Pfarrers Rosenstein in Flammersfeld, der 1606 als Calvinist einen Bildersturm anordnete, wurden viele Teile rechtzeitig aus der Flammersfelder Kirche entfernt. So wird berichtet, dass das Marienbildnis vor den Reformatoren aus dem Altenkirchen-

[1] *Vergl. nächstes Kapitel S. 148, „Die heutige evangelische Kirche St. Michael Flammersfeld".*

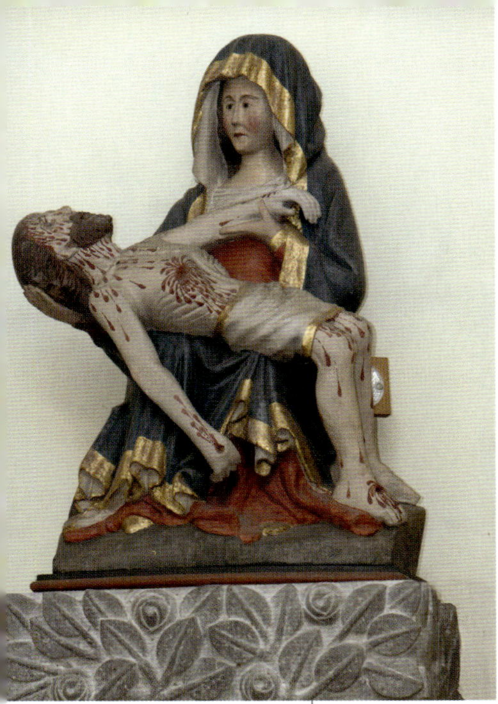

Saynschen Gebiet in Schutz genommen wurde. Beherzte Bürger, die die Verfolgung durch den Pfarrer nicht fürchteten, trugen das Vesperbild über den Mehrbach hinüber in den kurkölnischen Ort Niedermühlen. Dort stellten sie die Pieta auf einem Baumstumpf auf.

3.000 Gläubige pilgern nach Niedermühlen zur „Schmerzhaften Gottesmutter"

Zur großen Pfarrei Asbach gehören auch die Gehöfte im Dorf Niedermühlen ebenso wie Kloster Ehrenstein mit der Pfarrei Altenburg. Asbach war und blieb stets Teil der Erzdiözese Köln. Nach Niedermühlen zur „Schmerzhaften Gottesmutter" pilgern seit 1607 die Gläubigen. Zwölf Höfe zählte im 17. Jh. der Weiler rund um die Nieder-Mühle. Bald schon fügten die Dorfbewohner ein schützendes Dächlein über die von Flammersfeld herüber getragene Pieta. Über 200 Jahre lang besuchten und verehrten Pilger, sogar aus den Gemeinden Neunkirchen (Sieg) oder Much das Vesperbild. Nachgewiesenermaßen wird für 1862 berichtet, dass selbst aus Orten vom Rhein das alte, verfallene Bethäuschen mit der Pieta in Niedermühlen von Gläubigen besucht wurde. Erst in der Mitte des 19. Jahrhunderts wurde dem Volksglauben stattgegeben. Eine richtige Kirche wurde 1861/62 über das Wallfahrtsbildnis gebaut. Der Baumstumpf aus dem 17. Jahrhundert, der das Vesperbild trug, soll sich unter dem Chorraum der heutigen Kapelle befinden. Die Kapelle entwarf Architekt Vinzenz Statz 1861/62. Der ursprüngliche Chor ist ein achtseitiger gotisierender Zentralraum. Übrigens plante Statz 1867 auch die Erneuerung der Asbacher Kirche. 1892 wurde die Kirche zu ihrer heutigen Form erweitert. Das neue Gotteshaus wurde von den Kölner Architekten Richard Odenthal und Carl Rüdell 1892/93[2] gebaut und 1894 eingeweiht. Zur neuen Grundsteinlegung 1892 nach

Bild oben:
Die gerettete Pieta aus der Ev. Kirche in Flammersfeld.

Niedermühlern kamen rund 3.000 Pilger, trotz der damaligen Verkehrsverhältnisse. 1966 wurde Niedermühlen generalrenoviert. Besonders treue Pilger kommen seit 1855 aus der Pfarrei St. Johannes Baptist Kreuzkapelle Neunkirchen (rund 35 Kilometer Fußwallfahrt über Eitorf und Limbach) und aus Eitorf, gewöhnlich am Samstag nach Christi Himmelfahrt. Die Wände der Kirche zieren Votivtafeln – ein beredtes Zeugnis, dass Pilgern und Betenden geholfen wurde. Leider ließ der ehemalige Asbacher Pfarrer Franke 1869 unter dem Unverständnis der Bevölkerung die zahlreichen Krücken, die sich von Geheilten im Altarraum der Kapelle angesammelt hatten, verbrennen.

Bild oben:
Das Innere der Kapelle.

Steckbrief

Ohne die Reformation wäre Niedermühlen als Wallfahrtskapelle nicht denkbar. Die Niedermühlener Pieta gehörte einmal der Flammersfelder St. Michaelkirche, einer ursprünglichen Wallfahrtskirche. Unter den vielen Kapellen in der Verbandsgemeinde Asbach sind als weitere Wallfahrtskirchen noch Kloster Ehrenstein und die Kapelle St. Wendelinus Krankel zu nennen. Der Kapellenbezirk Niedermühlen gehört zur Ortsgemeinde 53567 Asbach und liegt ganz im Norden von Rheinland-Pfalz an der Grenze zu Nordrhein-Westfalen.
Zuwegung: Von Asbach aus. Das Dorf Niedermühlen liegt im Mehrbachtal. Seinen Namen verdankt dieser Ortsteil der Getreidemühle, die hier einst stand. Nur wenig ist davon noch erhalten. Auf den alten Grundmauern wurde das Schullandheim Niedermühlen gebaut. Der Träger ist das Katholische Ferienwerk Oberhausen. In der Kapelle wird noch die Messe gelesen. **Kath. Pfarramt Asbach Tel. 0 26 83-4 33 36 mit den Kapellen in Niedermühlen, Ütgenbach, Krankel und Bennau.**

[2] *Die Architekten waren zur gleichen Zeit auch in Dattenberg (Rhein) tätig, dort bauten sie 1890/92 die spätgotische Säulenbasilika „Zum heiligen Schutzengel" in der Kirchstraße.*

Kirche St. Michael aus dem 11. Jahrhundert –

TAUFSTEIN TAUCHTE WIEDER AUF

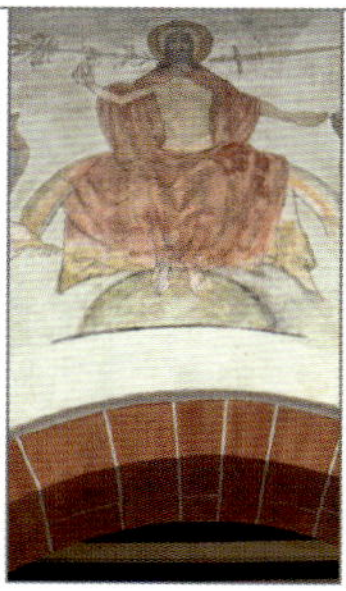

FLAMMERSFELD Die evangelische Pfarrkirche St. Michael fast am Ortsrand in Flammersfeld gelegen, stammt in ihren ältesten Bauteilen aus dem 11. Jahrhundert. Die Kirche gehört zu den ältesten und kunstgeschichtlich bedeutendsten der Region. Bei den Umbau- und Erneuerungsarbeiten im Jahre 1975 konnten die im Bildersturm des Jahres 1605 entfernten Bildhauerarbeiten und ein Teil der alten Wandmalereien wiederhergestellt werden. Das geschützte Kulturdenkmal ist zugleich eines der schönsten romanischen Gotteshäuser im Kreis Altenkirchen. Die Kirche wurde dem Heiligen Michael geweiht, der auch Patron der Siegburger Abteikirche ist. Ein Hinweis, dass die Kirche einmal zum Einflussbereich der Siegburger Abtei St. Michael gehörte. Im 11. Jh. reichte die Macht des Kölner Erzbischofs über die Landvergabe bis in den Kreis Altenkirchen. So vermochte ein Kölner Erzbischof auch dortiges Land als Lehen zu verschenken. Erzbischof Anno II. von Köln eroberte 1060 in der heutigen Stadt Siegburg den Siegberg. Er gründete 1064 dort eine Benediktinerabtei mit Mönchen aus der Reichsabtei St. Maximilian in Trier. Schutzpatron der Siegburger Abtei wurde der Erzengel Michael, der der Abtei und dem Berg den heute noch geltenden Namen gab. Graf Hermann III. von Hochstaden, Kölner Erzbischof (1089-1099)[1], schenkte schon am 13. Dezember 1096 einen Gutshof in Flammersfeld der noch in den Anfängen steckenden Benediktinerabtei Siegburg[2].

Baubeschreibung

Die Urkunde überträgt dem Kloster den weitab liegenden Hof Flammersfeld als zinspflichtiges Gut. Die Siegburger Mönche schickten daher schon früh einen Gutsverwalter zum Fronhof nach Flammersfeld. Der Fronhof war das wirtschaftliche und herrschaftliche Zentrum; er wurde vom Hofverwalter bewirtschaftet. Die Bauern der dem Fronhof unterstellten Hufen entrichteten einen Grundzins und sonstige Abgaben. Darüber hinaus leisteten sie auf dem Fronhof Frondienste. Alle bildeten eine Siedlungsgemeinschaft und daher baute das Kloster auch eine erste Kapelle für die Hofleute. Der Kapelle folgte als erster Bau eine schlichte flachgedeckte Pfeilerbasilika. Sie war dreischiffig und hatte vier Joche. Die Apsis[3] und das nördliche Seitenschiff wurden in der spätgotischen Zeit auf die Höhe des Chores aufgestockt. Die Kirche wurde von einem ungegliederten schweren Westturm überragt, der um 1200 gebaut wurde. Der Charakter des Turmes deutete daraufhin, dass er nicht nur aus baustatischen Gründen so dicke Mauern erhielt, sondern auch Verteidigungszwecken diente, denn zu ebener Erde hatte der Turm keinen Zugang, er war nur über eine Leiter begehbar. Stieg man nach oben, konnte man durch die vier Rundbogenfenster des Obergeschosses in alle Richtungen schauen, sah auch die Straßen ein, die im Mittelalter zum Rhein oder ins Oberbergische führten. 1896 wurde die Kirche umgebaut. Über dem südlichen Seitenschiff wurden die großen Steinempore mit dem Doppelwalmdach errichtet und der Vorbau mit dem Seiteneingang und dem Treppenturm angebaut. Architekt Ludwig Hofmann (Herborn) hatte hier die Federführung. Umfassend wurde die Kirche 1975/76 renoviert, die Obergadenfenster wieder geöffnet, der romanische

[1] *Erzbischof Hermann III. ist in der Siegburger Abteikirche beigesetzt. Die Abtei war 1064 begründet worden.*

[2] *Firmenich, Heinz: „Siegburg – Abtei Michaelsberg, in: „Rheinische Kunststätten. Rheinischer Verein für Denkmalpflege und Heimatschutz", Köln 1970.*

[3] *Apsis (griech. Wölbung) ist eine halbkreisförmige oder polygonale Altar-Nische der Kirche.*

Baucharakter wieder stärker betont, in dem man die neuromanischen Arkaden durch eingestellte Säulen unterteilte und die Chorfenster verkleinert wurden. Die Orgelempore wurde neu gebaut. Den calvinistischen Bildersturm der Reformationszeit überstanden haben ein spätgotisches Sakramentshäuschen, ein von besonderer Kunstfertigkeit zeugender, barocker Altartisch und eine Kanzel aus der Zeit um 1700.

Saynische Reformation

Die Ev. Kirchengemeinde Flammersfeld wurde durch die Saynische Reformation im Jahre 1561 als lutherische Gemeinde gegründet. Graf Wilhelm von Sayn-Wittgenstein führte 1606 in seiner Grafschaft gewaltsam das reformierte Bekenntnis ein, das bis zur Annahme der Union 1817 in Geltung blieb. Schon von seinen Vorfahren waren 1563 und 1565 entsprechende Kirchenordnungen erlassen worden. Ein Schritt zum Reformiertentum wurde um 1578 getan, als alle Altäre und Bildwerke aus den Kirchen entfernt wurden.

Inneres

Bei der Renovierung in den Jahren 1975/76 wurden die im „calvinistischen Bildersturm des Jahres 1605" entfernten Bildhauerarbeiten und ein Teil der alten Wandmalereien wiederhergestellt. Die Reste eines spätgotischen Kreuzigungsreliefs konnten zu einem geschlossenen Ensemble wieder hergestellt werden. Es wurde aus Bruchstücken wieder zusammengesetzt. Und eine alte Ausmalung über dem Torbogen zeigt Christus als Weltenrichter flankiert von Maria und Johannes dem Täufer. St. Michael enthält darüber hinaus wieder einige bemerkenswerte Kunstwerke, die auf zum Teil besondere Weise die „Kirchenreinigung"[4] der frühen Reformationsjahre überstanden hatten. Es tauchten wieder auf: Die Altarplatte aus romanischer Zeit, die lange Zeit an anderer Stelle als Trittplatte gedient hatte oder der romanische Taufstein (siehe S. 167), der aus dem Dorf Oberlahr zurückkehrte. Aus go-

[4] *Anderer Begriff für den calvinistischen Bildersturm.*

Bild oben:
Die alte Ausmalung über dem Torbogen zeigt Christus als Weltenrichter flankiert von Maria und Johannes dem Täufer.

tischer Zeit wurde die Halbfigur eines Propheten wieder entdeckt. Die Bibel am Altar enthält eine Widmung aus dem Jahre 1872 von Pfarrer Friedrich Marius Müller. Dieser entwickelte gemeinsam Ideen mit der herausragenden Persönlichkeit Friedrich Wilhelm Raiffeisen.

Glocken

Bilder folgende Doppelseite:
Links das Innere der Kirche, rechts der wiedergefundene Taufstein.

Trotz der Anordnung, alle Kirchenglocken in Weltkriegszeiten abzugeben, verblieben die Marienglocke von 1424 und die St. Bernart-Glocke von 1446 in der Kirche. Beide Glocken wurden von dem bekannten Glockengießer Peter von Echternach gegossen. Die St. Michaelsglocke wurde von Christian Düsterwalt 1439 gegossen.

Steckbrief

Flammersfeld liegt im Rheinischen Westerwald, an der B 256. Die Kirchengemeinde Flammersfeld setzt sich aus 19 Kirchspieldörfern zusammen. Der Ort ist von der A3 zehn Minuten entfernt und über die Anschlussstelle Neuwied/Altenkirchen erreichbar. Im Ort lohnen der Besuch des Raiffeisenhauses (Museum). Friedrich Wilhelm Raiffeisen war vier Jahre lang Bürgermeister in der Zeit von 1848 bis 1852.
Museumsbesichtigung täglich auch an Wochenenden nach vorheriger tel. Anmeldung unter 0 26 85 - 6 86 (Werner Schmidt).
In den Sommermonaten kann die Kirche besichtigt werden. Sie liegt an der Raiffeisenstraße. Die Bibel am Altar in der evangelischen Kirche enthält eine Widmung aus dem Jahre 1872 von Pfarrer Friedrich Marius Müller. Dieser entwickelte gemeinsam Ideen mit dem Sozialreformer Bürgermeister Friedrich Wilhelm Raiffeisen. Der Gottesdienst in der evangelischen Kirche findet jeden Sonntag um 10:00 Uhr statt. Touristisch wird der Weg von Hamm an der Sieg (Geburtsort) über Weyerbusch (Brotbackverein), Flammersfeld (Hülfsverein) und Neuwied-Heddesdorf (letzte Wirkungsstätte) nach Friedrich Wilhelm Raiffeisen benannt.

Ehrensteiner Kleinod wurde

Wallfahrtsort

Ehrenstein-Asbach Die Pilgerkirche St. Trinitatis[1] Ehrenstein krönt eine historische Klosteranlage, von der nur der Westtrakt erhalten ist. Die Klosteranlage selbst ist im Kern spätgotisch. Das gesamte Ensemble gilt als eines der bemerkenswertesten Kleinode des Landes Rheinland-Pfalz überhaupt. Die Anlage steht unter Denkmalschutz. Das Besondere der Kirche ist ihre spätgotische Einheitlichkeit. Die Klosterkirche, die in den Rang einer Pfarrkirche erhoben wurde, wuchs in zwei Phasen: Der Chor um 1477/1480 und das Kirchenschiff mit schräg verlaufender Westwand um 1483. Die Gründungsurkunde der Pfarrkirche datiert allerdings vom 23. Januar 1477. Im Inneren figürliche Konsolen und Schlusssteine in mittelrheinisch-koblenzerischer Art[2]. Trotz Reformation, Truchsessischen und Dreißigjährigen Krieg oder den beiden Weltkriegen blieb die spätgotische Kirche in ihrer reichen Ausstattung mit spätgotischen und barocken Kunstschätzen nahezu unversehrt.

Faszinierende Gesamtanlage

Vom aufgelassenen Kloster Ehrenstein geht nach wie vor auch heute noch eine gewisse Faszination aus.

[1] *Heilige Dreifaltigkeit.*

[2] *Dehio, Georg: „Kunstdenkmäler Rheinland-Pfalz", a. a. O. S. 240 ff.*

Bild oben:
Kloster Ehrenstein liegt malerisch am Mehrbach.

Das Seitental des Mehrbaches, der hier in die Wied mündet, ist ein Ort, an dem buchstäblich noch Vogelgezwitscher und Waldesrauschen zu vernehmen sind. Der Mehrbach markiert als Flüsschen die Grenzen der Landkreise Altenkirchen und Neuwied. Jährlich kommen tausende Gläubige, Pilger und Wallfahrer in das Liebfrauenkloster in Ehrenstein, das immer noch in verträumter Stille, ohne jeglichen Andenkenstand oder Schnellimbiss eine Oase des Friedens und der landschaftlichen Unberührtheit bietet. Viele Pilger suchen Ruhe und Besinnung. Menschen genießen einfach die Schönheit der Natur am plätschernden Bach. Das Kloster und die Liebfrauen-Pfarrkirche der Gemeinde St. Trinitatis Altenburg stehen im Schutz der benachbarten Burgruine Ehrenstein, die oberhalb der altehrwürdigen Gemäuer zwischen Bäumen thront. Mehrere Orden hatten sich im Lauf der Jahrhunderte dort niedergelassen. Zuletzt im 21. Jh.. Zu dieser Zeit waren es Montfortaner-Patres gewesen, die sich der Klosteranlage angenommen hatten, sie aber wieder aufgaben. Die ehemalige Ordensunterkunft dient heute als geistlich-spirituelles Zentrum. Neuer Träger des vor über 500 Jahren gestifteten

Klosters ist die Marienhaus GmbH aus Waldbreitbach. Generaloberin Schwester M. Basina Kloos, beschrieb im Sommer 2009 öffentlich, wie die Zukunft des Klosters aussehen soll. Neben verschiedenen Formen von Exerzitien, Gesprächskreisen und weiteren offenen Betreuungsangeboten sollen dort unter anderem Veranstaltungen zu kunst- und kulturhistorischen Themen stattfinden. So führte 2009 der Neuwieder Hospizverein erstmals im Kloster einen Grundkurs zur Ausbildung von Hospizhelfern an.

1477 zur Pfarrkirche erhoben

Ritter Wilhelm von Nesselrode stiftete die Kirche und stattete sie mit einem Benefizium aus, das vier Mönchen ein Auskommen sicherte. Das Kloster verfügte über die Ernteerträge zahlreicher, von ihnen angelegter oder gekaufter Bauernhöfe in der Umgebung bis hin nach Verscheid (Breitscheid). Sohn Bertram vollendete den Kirchenbau. Kreuzherren waren die ersten Mönche in der Klosteranlage in der Zeit des Mittelalters. Sie wurden von den Nesselrodes nach Ehrenstein verpflichtet. Die Kreuzherren-Mönche hielten dem Kloster bis 1824 die Treue. Durch die Säkularisation am Ende des Heiligen Römischen Reiches Deutscher Nation 1803 verloren die geistlichen Fürstentümer und viele Klöster ihren Besitz an den Staat. So auch das Kloster Ehrenstein, das die kurkölnische Kirche an die Fürsten zu Wied-Runkel abtreten musste. Die Mönche hatten zwangsweise das Kloster verlassen, neues kirchliches Leben entstand vorerst in Ehrenstein nicht. In dieser Zeit von 1824 bis 1890 wurden viele Mauerteile und andere Baumaterialien der Klosteranlage von Bürgern benachbarter Dörfer zum Bau eigener Anwesen in ihren Gemeinden von Ehrenstein abgetragen und weggekarrt. Am 08. September 1893 erklärte sich der Franziskanerorden vom Heiligen Kreuz bereit, die mittlerweile verfallene Klosteranlage wieder zu bewohnen und geistlich zu betreuen. Ein Anbau an den noch vorhandenen Wohnraum erfolgte in Richtung Mehrbach. 1953 lösten die Kreuzherren die Franziskaner wieder ab. Der Ursprungsorden hatte nach 141-jähriger Abwesen-

Bild links:
Auf dem Boden die Grabplatten der Ritter von Nesselrode.

heit nach Ehrenstein zurückgefunden. Diese Zeit war aber unerwartet von kurzer Dauer, es gelang nicht, Novizen für den Orden zu gewinnen. Der zudem baulich schlechte Zustand des Wohnhauses ermutigte auch nicht gerade zum Bleiben. 1969 brachen die Ordensleute erneut ihren Aufenthalt in Ehrenstein ab, kehrten aber 1974 mit den sehr engagierte Patres Werner Kettner und Bernhard Leisenheimer für gut weitere zwanzig Jahre nach Ehrenstein zurück.

Kölnische Glasmalereien

Die Kirchenfenster aus dem Jahre 1470 mit ihrer reichen Farbverglasung sind noch im Original in ihren Fugen. Die Chorfenster entstanden an der Schwelle vom Mittelalter zur frühen Neuzeit. Direkt über dem Hochaltar ersetzen die Fenster das traditionelle dreiteilige Altarbild, das sogenannte Triptychon. In jedem Fenster sieht man eine biblische Darstellung. Auch die Stifter der Kirche mit ihren Vorfahren sowie ihre Wappen sind dargestellt, ob Wilhelm von Nesselrode mit seinen beiden Gemahlinnen Swenhold von Landsberg und Eva von Oetgenbach[3] in den drei Bahnen des mittleren Fensters oder Bertram von Nesselrode und Gattin Katharina von Bourscheid. Zu den Fenstern liegt mittlerweile eine wissenschaftliche Arbeit[4] vor. Die vorgelegte Doktorarbeit interpretiert sehr konsequent die Chorfenster der Klosterkirche als bewusst in Auftrag gegebene Bildmalerei. Die Bildsprache sollte die Gläubigen erreichen. Die Autorin wertet die Bilder als Meinungsäußerung eines frühneuzeitlich gebildeten adligen Ehepaares, das die im späten Mittelalter noch vorherrschende Interpretation der Theologie längst verlassen hatte und mit der Stiftung der Glasfenster eine völlig neue theologische Sicht auf das eucharistische Geheimnis in Auftrag gegeben hatte.

Bemerkenswerte Ausstattung

Über dem Hochaltar ehem. Triumphkreuzgruppe aus der Bauzeit. Die Seitenaltaraufsätze stammen aus der Zeit um 1720/30. Das Chorgestühl ist auf 1752 datiert.

Bild oben:
Die Chorfenster von Ehrenstein (oben) zeigen BERTRAM VON NESSELRODE UND MARGARETHE VON BURSCHEID – Stifter der Kirchenfenster. Die Fenster wurden in der kunstgeschichtlichen Literatur schon früh als bedeutend erkannt. Sie haben eine Schlüsselposition innerhalb der Kölner Malerei um 1480 und eine hervorragende Bedeutung als Quelle für die rheinische Landesgeschichte.

Bild rechts:
Die Darstellung des »Corpus Christi« im Altarsakrament ist für die damalige Zeit neu.

Eine prächtige Kanzel, wahrscheinlich eine kölnisch-flandrische Arbeit, um 1700. Bildwerke zeigen Johannes den Täufer, um 1480. Das Vesperbild stammt wohl vom Anfang des 16. Jh., eine Muttergottes mit dem Hl. Sebastian wurde um 1530 gefertigt. Christus als Schmerzensmann in einer barock-naturalistischen Körperbildung mit Wundmerkmalen stammt wohl aus dem 17. Jh..

STECKBRIEF

Kloster Ehrenstein ungefähr vier Kilometer südlich von Asbach-Schöneberg und zwei Kilometer westlich von Neustadt/Wied am Mehrbach. Abzweigung ausgeschildert. Wanderparkplatz vorhanden. Wanderweg Westerwaldsteig in der Nähe.
Die Kreuzherrenkirche ist täglich von 10:00 Uhr bis 18:00 Uhr frei zugänglich. Hier befinden sich die wichtigsten kunsthistorischen Sehenswürdigkeiten, wie z. B. die aus der Erbauungszeit stammenden Kirchenfenster mit Glasmalereien, die sowohl geistliche wie auch weltliche Szenen (Veduten: http://de.wikipedia.org/wiki/Veduten) darstellen und zu den hervorragenden Leistungen der rheinischen Kunst aus der Zeit um 1470 bis 1480 gerechnet werden. Daneben sind das spätgotische Figurenensemble und die barocke Kanzel erwähnenswert.

[3] Die Familie Uetgenbach besaß im 13. Jahrhundert eine größere Grundherrschaft, deren Mittelpunkt die sogenannte Motte Uetgenbach und der Hof zu Uetgenbach – das heutige Asbach – bildete. Um 1330 gab Rorich von Uetgenbach, der zu Geld gekommen war, Uetgenbach auf und erbaute auf dem Felsen im Mehrbachtal ein festes Haus aus Stein, die Burg Ehrenstein, die seine Nachkommen rund 100 Jahre später an Wilhelm von Nesselrode verkauften.

[4] Nesselrode, Leonie von: „Die Chorfenster von Ehrenstein", Köln 2008

Heiliger Wendelin schützt Krankel –

Wallfahrtsort seit 100 Jahren

Krankel-Asbach Der heilige Wendelinus gilt als Schutzheiliger der Haustiere. Ihm ist eine historische Wallfahrtskapelle im Asbacher Ortsteil Krankel gewidmet. Mitten im kleinen Dorf Krankel steht die Wendelinus-Wallfahrtskapelle. Außen zeigt sich das Kirchlein als frischer roter Klinkerbau mit grauem Schieferdach, darauf ein nettes Türmchen, das eine kleine Glocke trägt. Die Kapelle wurde 1901/02 gebaut und 1903 eingesegnet. Bis 1901 wallfahrten die Krankeler jährlich zu Fuß nach Bornheim-Sechtem, wo in der dortigen St. Wendelinuskapelle gebetet wurde. Der heilige Wendelinus wird als Patron der Haustiere verehrt und bei Viehseuchen und Krankheiten von den Landwirten angerufen. Jährlich ging die Prozession am Namenstag des Patrons, dem 20. Oktober, von Krankel aus nach Sechtem[1]. Warum ausgerechnet die Krankeler Bauern sich auf den langen und beschwerlichen Fußweg auf die andere Rheinseite nach Sechtem machten, wäre noch zu erforschen. Es mag sein, dass das Stift Dietkirchen (Bonn) früher im Raum Krankel begütert war und daher eine Beziehung nach Sechtem bestand.

Der Krankeler Bürger Wilhelm Klein stiftete das Bau-

[1] Die Wendelinuskapelle in Sechtem im linksrheinischen Vorgebirge südlich von Brühl wurde im Jahr 1680 anstelle eines verfallenen Heiligenhäuschens erbaut und zu einem vielbesuchten Wallfahrtsort. Sie wurde seinerzeit von Jacob Beller gestiftet. Seit dem 17. Jh. pilgern am Sonntag nach dem 20. Oktober, am Fest des Hl. Wendelinus, Wallfahrer aus den umliegenden Ortschaften zur Wendelinuskapelle.

grundstück und Pfarrer Johann Peter Reidt, der aus Krankel stammte, half erheblich aus. Natürlich beteiligten sich auch die anderen Dorfbewohner beim Bau der Kirche und gewährten etliche Bauhilfen für den neuen Dorfmittelpunkt. Ob sich Pfarrer Reidt ausrechnete, dass die wenigen Ersparnisse der Bauern bei der Wallfahrt nach Sechtem für Fähre, Kost und Logis auch noch erheblich zusammenschmolzen und es besser wäre, das wenige Geld bliebe im Dorf, oder ob er der Gemeinde einen wirtschaftlichen Aufschwung bescheren wollte, kann nicht mehr festgestellt werden. Krankel hatte um 1910 nur 18 Häuser mit 77 Bewohnern. Gemessen daran war es eine stolze Leistung, eine eigenständige Kapelle zu bauen. Mit dem Kapellenbau wurde Krankel nunmehr selbst zum Wallfahrtsort.

Jährlich zum Fest des St. Wendelin, also nach dem Einbringen der Ernte und noch vor Winteranbruch, kamen nun Wallfahrer aus Neustadt/Wied und aus dem Eitorfer Raum. Ein wirtschaftlicher Aufschwung war mit dem Kapellenbau dann allerdings nicht verbunden. Das ursprünglich kleine Kapellchen wurde bis 1945 zwei Mal erweitert, fiel aber den Kriegshandlungen des Zweiten Weltkrieges zum Opfer. Die Bürger bauten aus den Trümmern die Kapelle wieder auf, aber die Schäden waren doch so gravierend, dass 1963 eine völlig neue Kapelle erstellt werden musste. Geschickt wurde dabei der alte Chor der Ursprungskapelle als Seitenschiff in den Neubau mit einbezogen. Daher stellt sich die Kapelle heute als Winkelbau dar. Das Kirchenschiff wirkt geräumig. Links vom Altar beim Betreten der Kirche steht die Figur des St. Wendelinus. Die Eingangstüre liegt zum Süden hin.

STECKBRIEF

Kath. Pfarramt St. Laurentius, Asbach.
Krankel ist von der Ortsmitte Asbachs an der L 272 ausgeschildert.
Anfahrt auch von Schöneberg aus möglich.

Helfer in Hungersnöten – 800-jährige
Nikolauskapelle Heisterbach

Bild rechts:
Blick in die heutzutage beliebte Hochzeitskapelle.

Heisterbach Weiß gestrichen macht die über 800 Jahre alte Nikolauskapelle in Heisterbacherrott auf sich aufmerksam. Sie stammt aus der Mitte des 12. Jahrhunderts, der Gründungszeit des Klosters Schwarzrheindorf. Das Gelände des heutigen Haus Schlesien[1], gehörte zu einem der Fronhöfe des Klosters Schwarzrheindorf. Die Benediktinerinnen ließen dem gesamten Personalverband des Fronhofes eine eigene Kapelle bauen. Ein solcher Fronhof war nicht nur eine Wirtschaftseinheit, sondern er bildete mit seinen Hintersassen, den Hofesleuten den Personalverband, eine sog. familia mit eigener Gerichtsbarkeit. Das heißt, dass die Hofesleute keinem weltlichen Grafen am Ort unterstanden, sondern samt ihrer Familie Hörige des Klosters waren. Der Hof sicherte nicht nur die materiellen Bedürfnisse wie Kleidung, Schuhwerk oder Wohnhaus der Hörigen, der Hof war auch für deren Seelenheil zuständig. Dieser Aufgabe diente die „Nikolauskapelle", die auf einem weit reichenden Anger an einem Teich lag. Später wurde der Fronhof Lehen des Klosters Heisterbach. Die Nikolauskapelle wurde als eigenständige Kirche für den

[1] *Die schlesische Landsmannschaft kaufte in den 1970er Jahren den ehemaligen Fronhof als Tagungs- und Bildungsstätte.*

Fronhof Heisterbacherrott gebaut. Der Hof hatte seine Zinspflicht gegenüber dem Stift Schwarzrheindorf einzulösen. Die ununterbrochene Zugehörigkeit zum Kloster Schwarzrheindorf bis zur Auflösung 1803 ist zu belegen[2]. Ein solcher Hof beschäftigte zahlreiche Bauern, die eigene Hufen bewirtschaften mussten und zusätzlich Frondienste für den eigentlichen Gutshof zu erbringen hatten. Der Hof wurde von einem Mönch geleitet, der die Abgaben überwachte, aber auch die Aufgabe hatte, für das Seelenheil der abhängigen Personen zu sorgen. Somit wurde eine Kapelle gebaut. Von den zahlreichen Hofkapellen im Rheinland existieren neben der Nikolauskapelle nur noch drei. (Dransdorf, Ramrath b. Grevenbroich und Kersch bei Trier)[3].

[2] *Görres, Wilfried: „Die Nikolauskapelle", Schriften zum virtuellen Museum, www. bergregion.de*
[3] *ebd.*

Im 17. Jh. Kapelle des Heiligen Nikolaus

Ursprünglich war sie dem Hl. Markus geweiht. Im 17. Jh. wechselte das Patrozinium. Eine Inschrift über der schmalen, rundbogigen Eingangstür an der Nordseite aus dem Jahre 1676 lautet: *„Sanct Nicolae, bitt für uns"*. Dies zeigt, dass die Kapelle spätestens im Barock zu einer Wallfahrtskirche wurde, zu der Menschen aus der Umgebung pilgerten und um Abhilfe für ihre Sorgen baten und beteten. Das über 800 Jahre alte Gebäude wirkt intakt, dabei hatte das Gotteshaus nicht nur im Dreißigjährigen Krieg schwere Schäden erlitten. Dank immer wieder vorgenommener Renovierungen ist kein Verfall zu erkennen, macht die Kapelle insbesondere Heiratswillige immer wieder auf sich als Trauungsort aufmerksam. Berichtet wird aber schon für 1676 von einer umfassenden Renovierung. Eine im Archiv vorliegende Notiz eines „ungefähren Überschlages" für die Instandsetzung- und Umbaukosten des Kirchenbaues zu Heisterbacherrott beliefen sich auf 101 Taler inklusive einer neuen Glocke. Die Kosten hierfür musste 1676 der Pächter des Fronhofes bezahlen. Der damalige Stand der Technik hielt immerhin bis 1913, ehe das Gotteshaus nochmals notdürftig instandgesetzt wurde. 1933 wurde die Kapelle von Grund auf renoviert worden, wobei auch der heutige Altartisch erstellt wurde. Die nächste Renovierung war dann 1975 mit einem Kostenaufwand von 143.000 DM fällig. 2006 wurde erneut umfangreich renoviert. Die Gesamtkosten betrugen dieses Mal ca. 130.000 Euro. Die zusätzlichen Umgestaltungsarbeiten im Außenbereich übernahm die Stadt Königswinter mit 50.000 Euro.

Baubeschreibung

Die im romanischen Baustil errichtete Kapelle aus der Zeit um 1200 ist 11,90 m lang und 4 m breit, der Baukörper ist seit 800 Jahren unverändert. Die gesamte Fläche beträgt 80 qm. An die Westfront lehnt sich ein Wegekreuz an. Das Gebäude ist ein rechteckiger Saalbau aus Bruchsteinmauerwerk mit eingezogenem quadratischem Chorschluss. Ein umlaufendes Kämp-

Bild oben:
Der Stenzelberg – einer der sieben Berge im Naturpark Siebengebirge.
Foto: www.wikipedia.org

fergesims im Altarraum trägt hier das Tonnengewölbe. Das Kirchenschiff schließt heute nach oben mit einer Flachdecke ab, wo sich vor der Umgestaltung ein quadratisches Kreuzgewölbe befand. Verblieben davon sind zum Altarraum hin noch zwei vorspringende Säulen (Kämpferkapitelle). Die Westfront ist durch ein kleines Rundfenster und zwei Seitenschlitzfenster im Giebel gegliedert. Ein ursprüngliches Ostfenster wurde vermauert. Von den beiden Fenstern in der Südseite ist eines noch in seiner alten Form erhalten. Ber der dreijährigen, umfangreichen Erneuerung in den 1970er Jahren wurden die von Paul Weickmann (Leverkusen) entworfenen Glasfenster eingebaut. Garten- und Feldfrüchte, Strauchblüten, Weinranken sowie Motive verschiedener Vogelarten, die in der hiesigen Landschaft beheimatet sind gestaltete der Künstler. Der Heimatverein Heisterbacherrott stiftete ein Fenster, dessen Motiv zeigt einen Monolithen, der als Fels auf dem Stenzelberg steht. Der **Stenzelberg** (ursprünglich: Steintelberg[4]) ist ein 287 Meter hoher Berg im Siebengebirge.Er liegt südwestlich des Dorfes Heisterbacherrott. Die Ecksteine im Außen- und Innenbereich bestehen aus einseitig behauenen rechtwinkligen Eckquadern aus Stenzelberger Quarz-Latit, früher auch Andesit genannt. Alle Rundbögen im Innenraum wurden aus weichen Tuffsteinen erstellt, teilweise bestehen die Fugen auch aus Schieferplatten, die den seitlichen Druck aufnehmen. Als Mörtel wurde Trass verwendet.

Geschichte

Mit der Säkularisation 1803 wurde der Fronhof privatisiert, die Kapelle blieb jedoch im Staatseigentum.

[4] Der Stenzelberg wurde seit dem 11. Jh. als Steinbruch für Quarz-Latit genutzt. Das Gestein wurde u. a. für die Propsteikirche in Oberpleis, die Nikolauskapelle in Heisterbacherrott und das Bonner Münster genutzt, später auch für die Kirchen in Nieder- und Oberdollendorf und Asbach

Sie wurde der Kirchengemeinde Heisterbacherrott zur Verfügung gestellt. Zu den jeweiligen Gottesdiensten kam ein Priester aus Niederdollendorf alle 14 Tage. Dafür wurde er anfangs mit Naturalien, jährlich mit drei Malter Roggen und später mit Geld entlohnt. Da die Kapelle im öffentlichen Eigentum verblieben war, wurden am Gebäude vorerst keine Reparaturen vorgenommen. So kam es 1834 zu Unstimmigkeiten zwischen der Zivilgemeinde und der Kirchen- und Schulverwaltungsbehörde mit Sitz in Hennef, die hier die königliche Regierung vertrat. Die Kapelle wurde im Laufe des 19. Jh. zu klein. Eine größere Kirche wurde gebaut und 1892 geweiht, die Kapelle wurde nicht mehr genutzt und war 1912 in einem sehr verwahrlosten Zustand. Dach und Decke waren zerstört, Glas und Eisenstäbe aus den Fenstern entfernt, dass Betreten des Gebäudes war lebensgefährlich wegen der schadhaften Decke. 1919 gelangte der Fronhof in neuen Privatbesitz. Er wurde 1920/21 umgebaut und die Kapelle als Familiengruft gestaltet. Ihr Fußboden wurde herausgerissen und auch die Fundamente frei gelegt. Die Fußbodenplatten aus der Kapelle wurden im Viehstall verlegt. 1924 wurde der Fronhof weiter veräußert. Die Kapelle diente jahrelang als Materiallager.

Bild unten:
Der Heilige Nikolaus.

Der neue Rektor der Kath. Kirchengemeinde Theodor Helten nahm die Kapelle wieder in kirchliche Obhut. Sie wurde zwischen 1933 und 1936 wieder in einen würdigen Zustand versetzt.

Steckbrief

Die Nikolauskapelle liegt am Ortseingang von Heisterbacherrott, wenn man aus Richtung Oberpleis unterwegs ist. Heisterbacherrott ist ein Stadtteil von Königswinter. **Die Adresse lautet: Dollendorfer Straße 412, 53639 Königswinter-Heisterbacherrott.**

Nikolauskapelle Niederbreitbach –
Pilgern im Wiedtal

Niederbreitbach Der kurkölnische Erzbischof Arnold II. von Wied ließ im Jahr 1173 in Niederbreitbach für das Bonner Benediktinerinnenstift Schwarzrheindorf einen Fronhof anlegen („Rheindorfer Hof"). Der Niederbreitbacher „Schwarzrheindorfer Hof"[1] war einer der zahlreichen Bauernhöfe neben den Höfen in Heisterbacherrott, Leubsdorf, Linz, Giershagen, Unkel und Remagen, die Erzbischof Arnold II. von Wied als Pfründe für das dadurch reich begüterte Schwarzrheindorfer Frauenkloster anlegen ließ. Der Niederbreitbacher Rheindorfer Hof umfasste großflächig nahezu den gesamten Berghang des heutigen Niederbreitbacher Ortsteils Wolfenacker, der von Niederbreitbachs Ortsmitte aus in Richtung Kurtscheid liegt. Am Hang ließen die Schwarzrheindorfer Benediktinerinnen Wein und Hafer anpflanzen. Ein Teil blieb Heide und galt als unbebaubar. Der Gutshof der Benediktinerinnen selbst lag im heutigen Dorf Niederbreitbach ebenerdig (im „botten")[2] und seine Fläche reichte bis an die Wied (Au). Die Ackerfläche wurde mit zwei Pferden bestellt und umfasste wenigstens 48 Morgen, ein Morgen entsprechen 2.500 m² und 4 Morgen sind 1 ha. Ein Güterverzeichnis (Lagerbuch) der Benediktinerinnen von Schwarz-

[1] *Hardt, Albert: „Im Lande der Neuerburg an der Wied", Waldbreitbach 1988, S. 152 ff.*
[2] *ebd. S. 154*

Bild rechts:
Auf dem Niederbreitbacher Nikolausberg wurden fränkische Gräber des 7. Jh. gefunden.

rheindorf aus dem Jahr 1393 nennt den Namen „nycolausberg" ebenfalls zugehörig zu den Besitzungen in Niederbreitbach. Dies ist die heute bekannte erste Erwähnung der St. Nikolauskapelle. Der Bau der Kapelle geht somit wohl auf die Benediktinerinnen aus Schwarzrheindorf zurück. Das Kloster baute bei den verschiedenen großen Fronhöfen dem gesamten Personalverband des Fronhofes eine eigene Kapelle. Dem Rheindorfer Hof in Niederbreitbach waren noch sechs Stadelhöfe[3] zugeordnet und zinspflichtig. Ein solcher Fronhof war nicht nur eine Wirtschaftseinheit, sondern er bildete mit seinen Hintersassen, den Hofesleuten einen eigenen Personalverband, eine sog. familia mit eigener Gerichtsbarkeit. Das Gericht bildeten die Hofgeschworenen, die einem Hofschultheiß unterstanden[4]. Das heißt, dass die Hofesleute keinem weltlichen Grafen am Ort unterstanden, sondern samt ihrer Familie Hörige des Klosters waren. Der Hof sicherte nicht nur die materiellen Bedürfnisse wie Kleidung, Schuhwerk oder Wohnhaus der Hörigen, der Hof war auch für deren Seelenheil zuständig. Dieser Aufgabe könnte die Nikolauskapelle im späten Mittelalter gedient haben.

[3] *Stadel steht für Scheune.*
[4] *vergl. Hardt, Albert: ebd. S. 154*

Baugeschichte

Der Platz der alten Nikolauskapelle in Niederbreitbach mit dem dazugehörenden Kirchhof wurde schon von Franken im 7./8. Jh. als Beerdigungsstätte genutzt. Dadurch bildete er im Verständnis der Einheimischen einen heiligen Bezirk. Ab 1393 thronte nun die Nikolauskapelle auf eben diesem Gelände. Bis 1583 war die Kirche sehr klein. Erhalten ist der heute noch vorhandene Teil des Chors. Der Ostteil der Kapelle ist 4,25 m lang. Die Mauern sind 90-105 cm stark. Ein Kreuzgratgewölbe aus dem 13. Jh. stützt das Dach. Von weitem schon ist der hübsche Dachreiter mit seiner doppelten Laterne zu sehen, gebaut um 1700.

Im Truchsessischen Krieg[5] wurde die Kirche gebrandschatzt. Beim Wiederaufbau erhielt die St. Nikolauskapelle einen ersten Anbau mit einer barocken Innenausstattung. Der alte Altar stammte aus der Zeit um 1700. In den Jahren 1833 bis 1838 wurde die Kapelle umfassend renoviert. Ein im Jahr 1912 erfolgter Anbau eines Langhauses nach Westen, das auf älteren Fotos zu sehen ist, wurde großenteils im Jahr 1975 wieder verkleinert. Die Kapelle wurde dann 1977 an die Zivilgemeinde als Friedhofskapelle abgegeben.

Steckbrief

Die Ortsgemeinde Niederbreitbach im Wiedtal zwischen Neuwied und Waldbreitbach ist ein staatlich anerkannter Luftkurort. Die Nikolauskapelle kann aus der Mitte des 12. Jahrhunderts, der Gründungszeit des Klosters Schwarzrheindorf stammen. In einem Flyer und in mehreren Wanderführern, die von der Touristeninformation der Verbandsgemeinde Waldbreitbach vorgehalten werden, wird ein Pilger-Wanderweg im Wiedtal beschrieben, der den Titel trägt: „Spirituell wandern zu Pilgerkapellen und Gebetstätten."[6] Darin wird auch die Klauskapelle, die ehemalige Pfarrkirche und heutige Friedhofskapelle von Niederbreitbach als lohnenswertes Besucherziel vorgestellt.

Weiterhin existiert ein Heimatmuseum in Niederbreitbach.

[5] Genannt nach dem Kölner Erzbischof Gebhard Truchsess von Waldburg. Der Fürstbischof wollte Kurköln in ein weltliches Fürstentum verwandeln. Nach seiner Heirat mit der evangelischen Gräfin Agnes von Mansfeld 1583 wurde er abgesetzt und exkommuniziert.

[6] Frieling, Herbert: „Wandern zu Pilgerkapellen und Gebetsstätten", Paulinus Nr. 17, Trier 2008; S. X

Der Unterhalt und die Pracht der Schwarzrheindorfer Doppelkirche, hier ein Blick ins Innere, wurde von den Niederbreitbachern mitfinanziert.

Das Haupt des Heiligen Petrus ruht an der

Wied in Peterslahr

Peterslahr Die katholische Pfarrkirche Peterslahr besticht weithin mit ihrem stattlichen Westturm, der Mitte/Ende des 12. Jh. gebaut wurde. Zwei erhaltene romanische Glasfenster der Peterslahrer Kirche wurden 1900 ans Rheinische Landesmuseum Bonn abgegeben und von dort im Zweiten Weltkrieg 1944 in das Allgäu verlagert. Sie befanden sich 1947 im Bayrischen Nationalmuseum in München und wurden von dort weiter gegeben an das Nationalmuseum in Darmstadt[1]. Das Untergeschoss des Turmes öffnet sich zur Kirche in drei Rundbögen. Das Langhaus wurde erst 1901 neugebaut. Architekten waren Theodor und H. Herrmann (Neuwied)[2].

Kirchenbeschreibung

Für Peterslahr sind schon zu Beginn der Neuzeit um 1579 Urkunden vorhanden, die Markttage an St. Peter

[1] *Widmann, Marion: „Sehr geehrter Herr Löhr, heute hat mich Ihre Anfrage nach den zwei Kirchenfenstern aus Peterslahr erreicht. Sie befinden sich seit 1935 nicht mehr hier im Haus - sie wurden mit Darmstadt getauscht (s. Anlage). Solche Tauschgeschäfte, vor denen man heute eher zurückschrecken würde, waren in diesen Jahren ganz üblich. Man „arrondierte" seinen Sammlungsbestand. Sie müssen sich also in dieser Sache an das Landesmuseum Darmstadt wenden. Ob die Fenster dort noch erhalten sind, ist zu vermuten, wenn sie 1947 im Bayerischen Nationalmuseum ausgestellt gewesen sind. Ob es in Darmstadt noch Unterlagen über diesen Tausch gibt, entzieht sich allerdings natürlich meiner Kenntnis."; E-Mail an den Verf. vom 03.08.2009; Archiv Löhr*

[2] *Theodor Hermann hat vor allem im Umkreis von Neuwied einige Kirchen gebaut, unter ihnen in neugotischem Stil die Klosterkirche Hausen (Waldbreitbach) oder die Pfarrkirche St. Walburga (Leubsdorf 1905-06). Für Peterslahr entwarf er die neuromanische Pfarrkirche St. Peter (1901).*

und Paul belegen. Sankt Peter ist spätestens 1556 Kirchenpatron der Peterslahrer Kirche. Heute noch feiert der Ort Ende Juni am Namenstag der beiden heiligen Kirchenväter seine Kirmes. Seit 1820 ist eine Petrus-Reliquie, angeblich eine Kinnlade des Hl. Petrus in ein silbernes Brustbild gefasst[3]. Constantin von Schönebeck bemerkt nach Schug 1784: „Man glaubt, dass in Peterslahr der Unterkiefer des heiligen Petrus aufbewahrt werde."[4] In Peterslahr wurde eine Petrusbruderschaft gegründet, die es verstand, den Besuch der Peterslahrer Kirche vom 17. bis zum 19. Jh. und auch noch im 19. Jahrhundert erheblich zu fördern. Ein Pfarrer berichtet schon 1730 von einer jährlich stärker werdenden Verehrung der Reliquie. Nach Aufzeichnungen von Pfarrer Reinhard Jacoby (1849-1870) kamen die Pilger meist am Vortag des Festes und wohnten der ersten Vesper bei. Nach dem Besuch der Messe verehrten sie die Reliquie und verrichteten Gebete. Am Nachmittag des „Pitterschtages" (Mundart für „Peterstag") kehrten die Pilger wieder heim. Papst Pius VII. gewährte im Jahre 1818 auf sieben Jahre einen vollkommenen Ablass für jene, die nach reumütiger Beichte und andächtigem Empfang der heiligen Kommunion die Kirche besuchten und dort für die Erhöhung der heiligen Kirche und die Ausrottung des Irrtums beteten. Das Kirchspiel Peterslahr, im Mittelalter auch Niederlahr genannt, gehörte zum Dekanat Engers (Erzbistum Trier). Der Nachbarort Oberlahr gehörte zum Erzbistum Köln. Um 1330 wird Peterslahr in einer Steuerliste des Erzbistums Trier genannt. Für Niederlahr (Peterslahr) wird 1326 in einer Urkunde der Grafen Engelbert und Sohn Godart von Sayn auf deren Rechte an der Pfarrkirche verzichtet. Für die nächsten zwei Jahrhunderte übten die Grafen von Isenburg das Patronatsrecht aus. Bereits Anfang des 16. Jahrhunderts, nach Gründung des Kreuzherrenklosters Ehrenstein, wurde Peterslahr diesem Kloster zugeschlagen. Die Grafenfamilie Bertram von Nesselrode ordnete Peterslahr zur Versorgung des Klosters zu. In Peterslahr tat daher stets ein Kreuzherrenbru-

[3] *Schug, Peter (Pfarrer): „Dekanat Engers", Neuwied 1950, S. 97 ff.*
[4] *ebd. S. 100*

Bild oben:
Ob es in Peterslahr wirklich eine Reliquie des Heiligen Petrus gibt?

der aus Ehrenstein Dienst. Graf Salentin von Isenburg stimmt 1514 der Abtretung von Peterslahr ans Kloster Ehrenstein zu, der Erzbischof von Köln folgt 1513. Peterslahr gehörte bis zur Säkularisation 1803 zu Ehrenstein.

Reliquie stammt aus Urbach

Historisch exakter dürfte sein, dass bei der Einführung der Reformation in der Grafschaft zu Wied im 16. Jh. die Verehrung des Hl. Petrus von der nahen Kirche in Urbach zur Pfarrei Niederlahr hin übertragen wurde. Auch sollen bei der „Kirchenreinigung" der nunmehr evangelischen Kirche in Urbach die Petrus-Reliquien aus Urbach mit nach Niederlahr gekommen sein. Niederlahr hieß danach 1555 Peterslahr. Für 1787 n. Chr. wird berichtet, dass eine Gräfin von Isenburg den Unterkiefer des heiligen Petrus als Heiligtum von Rom mitgebracht habe. Der Prior des Klosters Ehrenstein hatte dafür zu sorgen, dass ständig ein Priester in Peterslahr lebte und die Kirche versorgte. 1647 wurde eine Petrusbruderschaft gegründet, in die sich die Pilger aus dem Asbacher und Windhagener Land, aus Neustadt, Waldbreitbach, Horhausen und Großmaischeid aufnehmen ließen. Nach einer Aufzeichnung des in Peterslahr 1820 geborenen Reinhard Jacoby[5] seien Pilger nach Peterslahr gekommen um dort an der Reliquie des Heiligen Petrus zu beten. Ein anderer Chronist weiß schon von einer ersten Erwähnung der Reliquien für das Jahr 1686. Kölnische Visitatoren der Peterslahrer Kirche hätten dies vermerkt. Dort heißt es über den Besuch in Peterslahr: „In Ehrenstein blieben wir über Nacht, nahmen am 06. November 1686 den Kaffee und gingen nach Lahr, um dort die Reliquien des heiligen Petrus zu verehren und zu küssen." Für 1787 ist zu lesen, dass der Pastor am Petrustag ein Opfer, das aus Geld, Wachs, Fleisch und Käse bestand, teils an die Armen spendete, aber auch für sich verwenden durfte, da er wegen des großen Andrangs zehn Beichtväter bewirten musste.

Kunst des Mittelalters – Meisterwerke alter deutscher Glasmalerei

Im Rahmen der Forschungen zu diesem Buch konnten zwei Peterslahrer Fenster wieder ausfindig gemacht werden. Die katholische Pfarrkirche Peterslahr wurde Mitte/Ende des 12. Jh. gebaut. Zwei erhaltene romanische Glasfenster der Peterslahrer Kirche wurden 1900 ans Rheinische Landesmuseum Bonn abgegeben, von dort im Zweiten Weltkrieg 1944 in das Allgäu verlagert und befinden sich nun im Hessischen Landesmuseum Darmstadt.

Steckbrief

Peterslahr liegt an der Wied in der Lahrer Herrlichkeit, etwa fünf Kilometer südwestlich von Flammersfeld an der Landesstraße 267. Zu erreichen auch von Neustadt/Wied oder Asbach über Kloster Ehrenstein.

[5] *Jacoby, Reinhard, geboren 05.05.1820 in Lahr, Ordination am 29.11.1845 in Trier, Kaplan in Ehrenbreitstein, 1847 Pfarrverwalter in Großmaischeid, 1870 Pastor in Nalbach, 1887 Pastor in Rehlingen.*

5

30

Pilger in Almersbach aufgenommen - Kaiser Karl IV.

ERLAUBT EINE STADTGRÜNDUNG

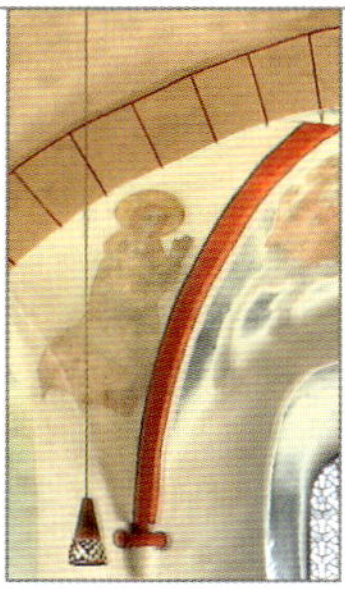

ALMERSBACH Die über 700 Jahre alte romanische Kirche in Almersbach, die über sehr wertvolle mittelalterliche Wandmalereien verfügt, liegt mehr als sehenswert auf einem Bergrücken über der Wied. Das Patrozinium der Kirche kann nicht mehr gesichert beschrieben werden, fest steht aber, dass es sich um eine alte Pilgerkirche am Jakobsweg handelt. Bei der Freske „Pilgersegen durch Jakobus von Compostella“[1], waren noch Reste von Rittern und Reisenden vorhanden. Auch die überdimensionale Gestalt des Christopherus im Chorraum deutet auf eine Pilgerstation an einem wichtigen Flussübergang hin. Die auffallend reiche Ausmalung des Kircheninneren deutet insgesamt auf eine besondere Bedeutung des Ortes im Mittelalter hin. Die dekorativen und figürlichen Wandmalereien sind ein sicherer Hinweis, dass reichlich Kapital vorhanden war, um die Ausmalung zu finanzieren. Almersbach lag unmittelbar an den großen mittelalterlichen Handelswegen bei Altenkirchen. Der stark frequentierte Handels- und Pilgerweg „Köln-Frankfurter-Straße“, von Limburg kommend, querte unterhalb der Almersbacher Kirche die Wied in einer Furt.

[1] *Freske im Hauptschiff, 1915 freigelegt, die Malereien wurden unter einer mehrfachen Kalkschicht entdeckt.*

Bonner Stift St. Cassius und Florentius

Die heutige evangelische romanische Kirche in Almersbach gehörte kirchenrechtlich im Mittelalter zur Erzdiözese Trier. Sie wird nachgewiesen in der Steuerliste des Trierer Erzbischofs und Kurfürsten Balduin, der „Taxa generalis subsidiorum cleri Trevirensis“[2] für die Zeit ab 1330. Die Priester allerdings, die in Almersbach an der Kirche Dienst leisteten, beauftragte nicht der Trierer Bischof, sondern sie gehörten als Mönche dem schon um 900 gegründeten Bonner Stift St. Cassius und Florentius[3] an. Das Bonner Kloster besaß in Almersbach einen so großen Gutshof, dass für das Gesinde und die dort tätigen Mönche eine Kirche gebaut wurde. Dem Cassius-Stifts wurde der Zehnte noch bis ins Jahr 1576 abgeführt, solange stellte das Bonner Stift auch die Priester für Almersbach. Weitere Einnahmen erzielte das Bonner Kloster, in dem es in Almersbach Handelsleute und Pilger im Wohnhaus der Mönche aufnahm und bewirtete. Innerhalb des ummauerten „Pfarrhofs“ vermuten Heimatforscher für das Mittelalter sogar das Vorhandensein eines Hospiz in Almersbach.

Der Graf von Sayn-Sayn erlangt Almersbach

Politisch gehörte das Gebiet im hohen Mittelalter wieder ab 1340 dem Graf zu Wied, Isenburg und Braunsburg, dessen Gebiet so weit reichte, dass er mit ihm 88 Vasallen[4] mit ihren Burgen repräsentieren konnte. Für 1343 weisen Dokumente Almersbach als Gerichtsstätte eines weltlichen Schiedsgerichtes nach, ein weiterer Hinweis für die zentrale Bedeutung des Dorfes im Mittelalter. Zu einer möglich gewesenen Stadtgründung Mitte des 14. Jh. kam es allerdings nicht mehr, obwohl Kaiser Karl IV. einem entsprechenden Antrag des Grafen Wilhelm I. von Wied und Isenburg (1324-1383) stattgegeben hatte.

[2] *Fabricius, Wilhelm: „Taxa generalis subsidiorum cleri Trevirensis“, Das Buch wurde angelegt, um das Steueraufkommen für die Kasse des Bischofs festzuhalten. in: Trierisches Archiv. 8.; Trier 1905, S. 1-52.*

[3] *Die Stiftskirche des Bonner Klosters Cassius und Florentius ist das heutige Bonner Münster. Das Stift war schon im 8. Jh. eine christliche Wallfahrtsstätte.*

[4] *Tullius, Wilhelm: „Die wechselvolle Geschichte des Hauses Wied“, Neuwied 2003, S. 28 ff.*

Graf Wilhelm erhielt am 7. 02. 1357 für die Dörfer Almersbach, Engers am Rheinufer und Nordhofen(bei Dierdorf) die jeweiligen Stadtrechte. Der Graf war allerdings in seinem Handeln und Tun nicht immer berechenbar und des Öfteren in erheblichen Geldnöten. Kaiser Ludwig beschuldigte den Grafen zu Wied der schlechten Münze, eine deutliche Abmahnung. 1344 verkaufte der wiedische Graf seine Dierdorfer Besitzungen an den Trierer Kurfürsten Balduin. 1349 versprach er dem Trierer Erzbischof, dessen Geleitrechte auf dem Rhein zu respektieren. Im Jahr 1355 erhielt Wilhelm I. seine verkauften Dierdorfer Besitzungen vom Bistums Trier zum Lehen zurück und leistete damit den Gefolgschaftseid im Krieg auf den Trierer Landesherren. Dennoch überfiel Graf Wilhelm im Jahr 1371 Kaufleute auf dem Rhein und raubte sie aus. Zur Strafe musste er das Dorf Engers an den Trierer Erzbischof abtreten sowie eine Strafe von 41 Kilo Gold zahlen (damals rund 450.000 Euro) bezahlen. Sie blieben aber vorerst ungenutzt. Spätere Grafen zu Wied verpfändeten 1459 Kirchspiel und Dorf Almersbach an das Grafenhaus Sayn, lösten es aber ihr Grundeigentum 1483 wieder ein. Als Mitgift der wiedischen Grafentochter Johannetta kam das Kirchspiel Almersbach 1489 endgültig an Sayn. Johann II. von Sayn (1284-1324) hatte einen Teil der alten Grafschaft Sayn geerbt und begründete die jüngere Linie der Grafen von Sayn-Sayn. Ursprünglich war das Grafenhaus Sayn in der männlichen Erbfolge schon 1246/47 ausgestorben und an Grafen aus Sponheim (Nahe) gelangt. Da aber alle den Namen Sayn immer im Titel mitführten, konnten spätere Grafen sich wieder zu Sayn nennen.

Baubeschreibung

Es handelt sich um eine dreischiffige, flachgedeckte Pfeilerbasilika. Im Westen steht der mächtige fast die ganze Breite des Langhauses einnehmende Turm. Der Eingang an der Südseite wurde erst später gebrochen, der Eingang in der Zeit der Romanik war auf der Nordseite. Das Chorquadrat hat ein vierkappiges, rippenloses Kreuzgewölbe, das im 20. Jh. erneuert wurde.

Bild rechts:
Das Innere der Kirche mit den freigelegten Fresken.

Pilgerkirche wird evangelisch

Auf der Nordwand des Mittelschiffes wurde im 20. Jh. eine Darstellung der Legende des Heiligen Jakobus (Maior)[5] freigelegt. Die Fresken wurden 1606 bei Einführung des reformierten Bekenntnisses durch den Saynischen Grafen Wilhelm, der keine bildlichen Darstellungen duldete, übertüncht und dabei größtenteils vernichtet. 1561 kam es zur Einführung der Wittenberger Reformation durch die Grafen von Sayn. Diese starben 1606 im Mannesstamm aus. Als am 12. September 1605 Graf Wilhelm von Sayn-Wittgenstein-Sayn die Regierung der Grafschaft übernahm, verfügte er auch in Almersbach den Übergang zum reformierten Bekenntnis.

Prächtiger mit Fresken ausgemalt als die übrigen romanischen Bauten der Umgebung

Die heute sichtbaren Fresken wurden während Instandsetzungsarbeiten 1915 wiederentdeckt und zuletzt 2006 restauriert. Die Jakobsmalereien sind typisch für die Kirchen am alten Jakobspilgerweg, wie sie auch in der Martinskirche in Linz oder in den Kirchen von Oberbreisig und Niedermendig zu finden sind. In Almersbach ist über dem mittleren Arkadenbogen die Hauptgruppe des Heiligen Jakobus mit zwei Pilgern wieder gesichert worden.

[5] *Jakobus der Ältere ist der Apostel Jakobus, der in Spanien beerdigt wurde. Er wird in Kirchentexten auch Jakobus Maior, Jakobus der Große oder spanisch Santiago genannt. † ca. 44 n. Chr.. Er zählt zu den zwölf Aposteln Jesu Christi.*

Vom Anfang des 15. Jh. stammt in der Chorapsis eine bedeutende frühgotische Wandmalerei, die ebenfalls im 20. Jh. wieder gesichert wurde. Die Malerei in der Chorapsis, wahrscheinlich erst Ende des 15. Jahrhunderts angefertigt, zeigt Christus als Weltenherrscher: „Der Himmel ist mein Stuhl und die Erde meine Fußbank." (Jes. 66,1) An seinen Seiten stehen Maria und Johannes (der Täufer). Die Freske in der Apsis *des nördlichen Seitenschiffes*[6] wird der romanischen Zeit zugeordnet (ca. 1200). Merkmale dafür sind: das Gabelkreuz, die segnenden Hände des Gekreuzigten und die nebeneinander stehenden Füße. Maria und Johannes scheinen das Geschehen am Kreuz zu erfassen. An der Nordwand des Chorhauses steht die lange, lebensgroße und braunrot gewandete Figur des hl. Christopherus. Kunsthistoriker datieren die Entstehungszeit anhand von Farbproben und wg. des Malstils auf die Zeit Mitte des 13. Jh. Dies könnte darauf schließen lassen, dass der hl. Christopherus der Kirchenpatron war, während die übrigen Fresken bereits mit ihren höfischen Haartrachten eher hochgotisch einzuordnen sind. Die übergroßen Heiligen werden interpretiert als Petrus. Links neben Maria ist wahrscheinlich Nikolaus abgebildet. Linksaußen ist Cordula, eine Kölner Heilige, abgebildet. Cordula wurde nach einer Pilgerfahrt auf einem Rheinschiff mit einem Speer getötet. Sie gilt als Schutzheilige der Pilger, der Reisenden und der Schiffer.

Steckbrief

Almersbach liegt im Tal der Wied und auf den das Tal umgebenen Anhöhen etwa zwei Kilometer südlich der Kreisstadt Altenkirchen. Die Ev. Kirche gehört in die Reihe spätromanischer Dorfkirchen des Westerwaldes wie sie in Birnbach, Höchstenbach oder Mehren zu finden sind. Ihr Patrozinium lässt sich nicht mehr mit Sicherheit klären. Mit dem Wiener Kongress 1815 fiel Sayn-Altenkirchen an Preußen und wurde zum Landkreis Altenkirchen. Kirchspiel und Dorf Almersbach gehören zur Verbandsgemeinde Altenkirchen.

Der Gottesdienst findet sonn- und feiertags um 10:00 Uhr abwechselnd in Almersbach und Oberwambach statt.

Evangelische Kirchengemeinde Almersbach, Kirchweg 5, 57610 Almersbach, Telefon: 0 26 81-28 64, Fax: 0 26 81-9 84 36 88, E-Mail: gemeindeamt@kirche-almersbach.de

[6] *Bitterauf-Remy, Margot: „Die Kunstdenkmäler des Kreises Altenkirchen". Düsseldorf 1935, S. 22 ff.*

AUGST
EMIL
PHILIPPINE
HEINRICH
Dorothea Neumann

5

31

Birnbacher Kirche fast 900 Jahre alt – Graf Adolf von Sayn-Hachenburg führt

DAS LUTHERISCHE BEKENNTNIS EIN

BIRNBACH 1892 schlug der Blitz in den Birnbacher Kirchturm ein und beschädigte ihn so schwer, dass der Turm niedergelegt werden musste. Bis dahin hatte der Bau seine ursprüngliche Form aus dem 12. Jh. beibehalten. 1899 wurde das gesamte Mauerwerk überholt, Werksteinfassungen erneuert, nachmittelalterlicher Putz heruntergenommen und der ursprüngliche Bruchsteincharakter wieder sichtbar gemacht. Besondere Freude löste bei der Kirchengemeinde aus, dass der Turm rekonstruiert und nach altem Vorbild wieder aufgerichtet wurde. Allerdings weiter westlich, denn das Langhaus war zuvor um zwei Achsen verlängert worden. Am 28. Oktober 1900 konnte in einem Festakt der Bau wieder seiner Bestimmung als Gotteshaus übergeben werden. Kaiserin Auguste Viktoria schickte eine kostbare Bibel, die ihre eigenhändige Widmung trägt. Dies verdeutlicht einmal mehr, dass die Birnbacher Kirche nicht eine von vielen evangelischen sowie historischen Landkirchen ist, sondern dass dem deutschen Kaiserhaus bewusst war, welch bedeutendes historisches Bauwerk sich im Kreis Altenkirchen befindet. Immerhin blicken die Birnbacher bis zum Jahr 1131 zurück, als Papst Innozenz II. dem Bonner Cassiusstift schon Hof und Kirche und den ganzen Zehnt zu Berenbach (Birnbach) bestätigt. Die Birnbacher Kirche ist also fast 900 Jahre alt!

Jakobsglocke weist auf alte Pilgerkirche hin

Das Obergeschoß des Birnbacher Kirchturms birgt die Glockenstube. Dank der Herausgabe der Buchreihe „Die Kunstdenkmäler der Rheinprovinz“[1], wissen wir, dass noch vor dem II. Weltkrieg eine Glocke in Birnbachs Turmstube läutete, die den Eigennamen „Jakobsglocke“ hatte. Ihre Inschrift lautete: „SENT JAKOB HEISSE ICH. IN GODES EER LYDE ICH. BOES WEDER VERTRIEFE ICH. PETER VON ECHTNACH GOOS MICH ANNO DOMINI XVCXII“ (1512)[2]. Diese Jakobusglocke ist ein Dokument, dass Birnbach eine Pilgerstation war und die Kirche Pilger aufnahm. Es war im Mittelalter und auch später durchaus üblich, dass Pilger auf dem Fußboden der Kirche übernachteten oder direkt außen an der Kirchenmauer in kleinen Verschlägen. Pilger rasteten auf dem Weg zum Grab des Hl. Jakob in Santiago de Compostela in Birnbach, ehe sie weiter zogen. In Birnbachs Kirche wurde zuvor eine Pilgermesse gefeiert. Die Lage der Station erklärt sich aus der damals in der Nähe vorbeiführenden Fernstraße, über die die Menschen in den Süden zogen. Die Glocke wurde im letzten Krieg von der Kriegswirtschaft eingezogen und ist seitdem verschollen.

Baubeschreibung

Der Kirchenbau ist eine dreischiffige, querschifflose flachgedeckte Pfeilerbasilika, wie sie rechtsrheinisch ihre Verbreitung im Westerwald und Oberbergischen haben. Dem Langhaus folgt nach Osten die Choranlage. Sie besteht aus einem Chorgeviert mit eigenem Satteldach und flacher angehängter Apsis mit einer niedrigeren halbkegelförmigen Bedachung, unter deren Kranzgesims sich ein Rundbogenfries zeigt. Der Chorraum, dessen Außenwände um 1900 neu ummantelt wurden, wird von drei kleinen Rundbogenfenstern belichtet, die in die Seitenwände und den Scheitel der Apsis eingeschnitten sind. Im Wes-

[1] *Die Kunstdenkmäler der Rheinprovinz, Band 16, Abt. 1: Die Kunstdenkmäler des Kreises Altenkirchen. Düsseldorf 1935.*

[2] *Bitterauf-Remy, Margot: „Die Kunstdenkmäler des Kreises Altenkirchen“, Düsseldorf 1935; S.42*

Bild oben:
Drei Jahre später (1561) führte der Landesherr, Graf Adolf von Sayn-Hachenburg, das lutherische Bekenntnis ein.

ten steht der mächtige dreigeschossige Turm. Er wird von einem geschieferten, vierseitigen Pyramidendach gedeckt. Über der Spitze des Helms erheben sich Kugel, Kreuz und Hahn, wie sie auf vielen Westerwälder Kirchen zu finden sind. Das Obergeschoss wird durch Kaffgesims, Ecklisenen und Rundbogenfriese gegliedert und zeigt auf allen Seiten Zwillingsfenster, die von einem Rundbogen überwölbt sind und in der Mitte ein zierliches Säulchen mit mehrteiliger Basis, schmucken Kapitälchen und Kämpfern tragen. Der Innenraum der Kirche wirkt groß und geräumig. Zu beiden Seiten des Mittelschiffes tragen sechs mächtige Pfeiler auf quadratischem Grundriss fünf halbrunde Arkadenbögen. Die gleichgearteten Fenster der Seitenschiffe sitzen genau in den Achsen des Lichtgadens. Der Baukörper weist eine vollendete Symmetrie auf. Die Schiffe des Langbaus sind flachgedeckt. Schöne Metallleuchter mit 12 Lichtern erhellen den Sakralraum. Bemerkenswert die barocke Kanzel in der Nordostecke des Mittelschiffes. Um 1680 geschaffen. Sie steht auf einem kräftigen polygonalen Schaft. Die einzelnen Felder sind mit Schnitzwerk geziert, das Pflanzenformen darstellt. Dazwischen stehen gedrehte Säulchen mit Basen und Kapitellchen. Die gute handwerkliche Arbeit wurde restauriert und wieder in den Originalfarben gefasst. In der Nordostecke findet sich ein kleiner Sakristeianbau, der 1899 in der Art einer Seitenapsis angelegt wurde und durch zwei kleine Rundbogenfenster sein Licht empfängt. In die Außenmauern der Süd- und Westseite wurden einige vom alten Friedhof stammende, mit Engelköpfen verzierte Grabsteine eingelassen. Einige Inschriften sind noch zu entziffern. Die letzte Renovierung war im Jahr 2000. Das Presbyterium veranlasste dabei eine Fugenmalerei und die Anbringung des Spruches „Jesus Christus gestern heute und derselbe auch in Ewigkeit" in den Bogen des Chorraumes.

Geschichte

Der Graf von Neuenahr besaß im 13. Jh. das Kirchspiel Birnbach und konnte es deshalb dem Grafen Johann I. von Sayn im Jahr 1298 verkaufen. So gelangte das Kirchspiel an die Grafschaft Sayn und blieb in der Folge im Saynischen Besitz. 1561 führte Graf Adolf von Sayn-Hachenburg als Landesherr das lutherische Bekenntnis ein. Der kirchliche Besitz in seinem Territorium ging an die Protestanten über. In manchen Orten trat der amtierende kath. Pfarrer gleich mit zur neuen Lehre über oder er wurde seines Amtes enthoben. Noch war die evangelische Lehre nahe am alten Glauben, neu war allerdings zuerst einmal, dass die Gottesdienste nach der neuen Regel und in deutscher Sprache gehalten wurden. 1652 wurde die Grafschaft Sayn in Sayn-Altenkirchen und Sayn-Hachenburg geteilt. Birnbach fiel an den hachenburgischen Teil an die Erbtochter Ernestine. Sie war mit dem katholischen Grafen Salentin Ernst von Manderscheid-Blankenheim verheiratet. Dennoch kam es nicht zu einer „Gegenreformation", obwohl der Blankenheimer Graf 1662 von Kurköln mit dem Kirchspiel belehnt wurde. Nach Salentins Tod übernahm dessen Tochter Anna Luise das Birnbacher Kirchspiel als Heiratsgut, das damit aus der Grafschaft heraus fiel. Als diese 1692 starb, traten ihre Schwestern die Erbschaft an, u. a. die Burggräfin Magdalena Christiane von Kirchberg, über die dann Birnbach 1714 wieder mit Sayn-Hachenburg vereinigt wurde. Bis zum Wiener Kongress blieb Birnbach unter der saynschen Landeshoheit und bei der calvinischen Lehre.

Bildersturm in Birnbach liess „geplünderte Kirche" zurück

1605 übernahm Graf Wilhelm von Sayn-Wittgenstein die Landesherrschaft und griff auch in Birnbach ins kirchliche Leben ein. Das Gotteshaus wurde „gesäubert": Altar, Taufstein, Bilder und Skulpturen, alles wurde bei diesem „Bildersturm" entfernt und zerstört. Es blieb eine geplünderte Kirche zurück, die noch heute ihre alten Kunstgegenstände entbehrt. Er

befahl, dass alle Untertanen mit sofortiger Wirkung die Lehre Calvins[3] anzunehmen hatten. Kompromisslos ging Graf Wilhelm von Sayn-Wittgenstein gegen solche lutherischen Pfarrer vor, die sich widersetzten. Wer den reformierten Glauben der Lehre Calvins nicht predigte, wurde bestraft, verfolgt und schließlich des Landes verwiesen. So wurde auch der Birnbacher Pfarrer Valentin Aparius (Bieremann) vertrieben.

Orgel wieder angeschafft

Da der Calvinismus in Birnbach seit der Manderscheider Herrschaft in seiner Strenge gelockert war, konnte 1775 für die Kirche wieder eine Orgel beschafft und

[3] Der 500. Geburtstag von Johannes Calvin ist der 10. Juli 2009. Auf Calvin berufen sich weltweit rund 90 Millionen reformierte Christen. Der Kirchenreformator kam rund 100 Kilometer von Paris entfernt in Noyon zur Welt – acht Jahre vor Martin Luthers Thesenanschlag gegen die Missstände der mittelalterlichen Kirche. Luther und Calvin sind sich nie persönlich begegnet. Calvin starb am 27. Mai 1564 in Genf.

im Gotteshaus aufgebaut werden. Um 1600 wäre das unmöglich gewesen, da in jener Zeit die Orgel als das besondere Werk des Teufels verschrien war. 1805 wurde sogar eine zweite, größere Orgel gekauft, da die erste bereits untauglich geworden war.[4] Nach dem Wiener Kongress trat das Königreich Preußen die Nachfolge in der Landesherrschaft an, daher wurde 1820 die unierte evangelische Kirche gegründet, eine Vereinigung des lutherischen und reformierten Bekenntnisses.

Bild rechts:
Kaiserin Auguste Viktoria schickte eine kostbare Bibel, die ihre eigene Widmung trägt.
Foto: Pfarrer Hans-Jörg Ott, Birnbach

STECKBRIEF

Birnbach liegt 5 km nördlich von Altenkirchen an der B8. Erstmals schriftlich erwähnt werden Birnbach und seine Kirche in einem päpstlichen Erlass vom 31. März 1131. Im Jahre 1131 bestätigte Papst Innozenz II. dem Bonner Cassiusstift dessen Besitzungen und Rechte, darunter den Hof und die Kirche und den ganzen Zehnt in Birnbach. Das Dorf hat einen sehr alten Ortskern um die Kirche mit einem der ältesten Fachwerkhäuser (ehemalige Poststation mit Gewölbekeller) des Kreises Altenkirchen. Ausgedehnte Wälder und idyllische Bachtäler laden ein, Natur pur zu genießen. Im Jahr 2000 wurde die fast 900 Jahre alte Kirche erneut renoviert. Es können die schlicht gehaltenen Wände als auch die auf Pfeiler und Rundbögen aufgetragenen Steinmalereien bewundert werden.

[4] *Sommerfeld, Dieter in: www.kirchengemeinde-birnbach.de*

Europaweit wohl einzige noch erhaltene Kirche eines Prämonstratenserfrauenklosters –

Über 800-jährige Geschichte

Neuwied Nur wenige kirchengeschichtlich Interessierte wissen, dass im Neuwieder Stadtteil Gladbach die europaweit wohl letzte noch erhaltene Kirche[1] eines kleinen Frauenklosters der Prämonstratenser aus dem 12. Jh. zu finden und zu besichtigen ist. Die Kirche wurde im Volksmund oft nur Peterskirche genannt, sie war aber neben dem Hl. Petrus auch der Hl. Jungfrau Maria und dem Erzengel Michael geweiht. Die Bausubstanz der kleinen Wülfersberg-Kapelle stammt tatsächlich noch original aus dem 12. Jh. Dieser schlichte Kirchbau wurde 1983 umfassend saniert und innen neu eingerichtet sowie mit einer hölzernen Eingangstüre und einer kunstgeschmiedeten Außengittertüre versehen. Die Kapelle ist mittlerweile ein wahres Kleinod. In den zurückliegenden Jahrhunderten wurde oft an Maria Himmelfahrt zur Wülfersberg-Kapelle gepilgert.

Geschichte

Die Abtei Rommersdorf wurde unter dem Trierer Erzbischof Albero von Montreuil (1131-1152) im Jahr 1135 zum zweiten Mal besiedelt. Eine erste Klostergründung aus dem Jahr 1117 scheiterte, da das Rommersdorfer Kloster nicht über genügend Bauernhöfe ver-

[1] *Backmund, Norbert: „Monasticon Praemonstratense", Band 1, Berlin 1983, Seite 265-266*

fügte, die die Klostergemeinschaft finanziell hätten tragen können. So kamen nun Prämonstratenser aus Floreffe nach Rommersdorf. Die erste Ausstattung des Klosters bestand aus den Höfen Stebach und Steinebach. Das Gladbacher Frauenkloster wurde von Theoderich, Abt des Prämonstratenserklosters Rommersdorf von 1135-1145 im Jahr 1140 begründet. Das Frauenkloster wurde mit dem Bau auf dem Wülfersberg ganz in der Nähe zur Abtei des Männerordens errichtet. Die Kirche und das Frauenkloster wurden dem Hl. Petrus geweiht. Aus wirtschaftlichen Gründen wurde das Frauenkloster nach fast 400 Jahren im Jahre 1521 faktisch aufgelöst, blieb aber als Gutshof abgabenpflichtig an die Abtei. Selbst das renommierte Buch „Die Kunstdenkmäler des Kreises Neuwied", aus dem Jahr 1940, als auch die einschlägige Literatur bestimmten die kleine Kirche lange Zeit als einen Neubau des 18. Jahrhunderts.

Die Kirche und das Kloster waren dem Hl. Petrus geweiht

Das Frauenkloster erhielt schon 1179 eine eigenständige Haushaltsführung, blieb aber unter Oberaufsicht des Klosters Rommersdorf[2]. Die Kirche des ehemaligen Klosters stammt aus der Mitte des 12. Jahrhunderts. Während des Dreißigjährigen Krieges wurden Hof und Kirche schwer beschädigt und verfielen in den Folgejahren[3]. Nach Ausplünderung und Beschädigung während des Dreißigjährigen Krieges stellte der Rommersdorfer Abt Peter Diederich die Kirche wieder her. 1655 wurde die Kapelle grundlegend restauriert. Mit der formalen Auflösung der Selbständigkeit war Wülfersberg bis 1802 ein Rommersdorfer Priorat. In der Kapelle selbst wurde bis 1914 Gottesdienst gehalten und im Jahr 1928 durch einen Neubau ersetzt. Unter wechselnden Besitzern

[2] *Petry, Ludwig: „Handbuch der historischen Stätten Deutschlands, Rheinland-Pfalz", Stuttgart 1988; S. 417*

[3] *Krings, Bruno: „Das Prämonstratenserinnenkloster Wülfersberg, in Gladbach, früher und heute. Festschrift, hrsg. von Friedrich Felgenheier, Neuwied-Gladbach 1998, Seite 27-54. Krings führt den Nachweis, dass die ehemalige Klosterkirche mit Mauerwerk aus dem 12. Jahrhundert stammt. Eine Liste aller urkundlich bezeugter Prioren, Vorsteherinnen und Schwestern des Klosters sowie eine Besitzauflistung runden die Darstellung ab.*

blieb sie Bestandteil des Hofes Wülfersberg. Im 19. Jh. verschwand der Hof. Allen Inventars beraubt, wurde die Kapelle nach dem Zweiten Weltkrieg sogar als Unterstand für Weidevieh benutzt. Erst nachdem die Stadt Neuwied das Gelände mit der Kirche zur Errichtung eines Regenrückhaltebeckens erworben hatte, ermöglichte die Stadt eine vollständige Wiederherstellung. 1983 folgte dann eine umfassende Renovierung durch den Gladbacher Heimatverein und durch die Stadt Neuwied, welche die Kirche vom Herzog von Arenberg gekauft hatte und bis heute Eigentümerin der Kirche ist. In einer Feier wurde die Kirche am 31. August 1987 benediziert, dient also damit wieder allein dem gottesdienstlichen Gebrauch. Sie steht unter Obhut des Fördervereins.

Innenausstattung

In der 1914 eingeweihten Pfarrkirche der heutigen katholischen Pfarrei von Gladbach in der Ortsmitte, kann der Seitenaltar (um 1730) der Frauenklosterkirche besichtigt werden. Unter den zahlreichen Figuren der Kirche ist eine spätgotische Madonna (um 1460) aus dem ehemaligen Kloster Wülfersberg besonders erwähnenswert.

Steckbrief

Die ehemalige Klosterkirche liegt als „Wülfersberg-Kirche" abseits der Straße am Ortsende (bergwärts) des Neuwieder Stadtteils Gladbach. Der Stadtteil Gladbach ist an der B 256 gut ausgeschildert.

Anfahrt:

Ausgangspunkt ist die weithin sichtbare Pfarrkirche mitten Neuwied-Gladbach. Von dort über den Kreisverkehr bergwärts die Straße namens „An der Marienkirche". An der Stelle, wo diese Straße nach links abknickt, weiter geradeaus fahren. Die Straße heißt jetzt „Alteckstaße". Weiterfahren bis zum letzten Haus rechts Nr. 48. Am besten hier in der Nähe parken. Oberhalb weist ein Schild „Wülfersberg" auf einen schmalen gepflasterten Fußweg hin, der zunächst am Zaun entlang ohne Abzweig gut 500 Meter durch Feld und Wald über einen Bach bis zum schlichten Kirchlein auf der kleinen Anhöhe führt.

Hubertus Welter schließt auf Anfrage die Kapelle auf. Frontalgasse 3; 56566 Neuwied. Telefon: 02631 – 49248. Der Heimat- und Verschönerungsverein Gladbach hat ein interessantes Heimatmuseum eingerichtet. **Besichtigungen auf Anfrage. Georg Kern, Tel.: 02631/46332. Siehe auch Homepage: www.hvv-gladbach.de**

6

Literaturverzeichnis

Aufderheide, Herbert; Ebbinghaus, Gerhard; Zeiler Ernst: „Geschichte des Kirchspiels Urbachs“, Wissen 1987

Becker, Kurt (Hrsg.): „Heimatchronik des Kreises Neuwied“, Neuwied 1966

Bitterauf-Remy, Margot u. a.: „Die Kunstdenkmäler des Kreises Altenkirchen“; 16. Band; I. Abteilung; Reihe: Die Kunstdenkmäler der Rheinprovinz, Abteilung, Düsseldorf 1935

Bohn, Thomas: „Gräfin Mechthild von Sayn (1200/03-1285), Eine Studie zur rheinischen Geschichte und Kultur“, Köln 2002

Burghard, Hermann; Kapser Cordula: „Linz am Rhein“, Köln u. a. 2002

Busch, Gabriel: „Kapellenkranz um den Michaelsberg“; Siegburg 1985

Busch, Gabriel: „Alte Kirchen um den Michaelsberg“, Siegburg 1986

Busch, Gabriel: „Novene zur Scherzhaften Mutter in Bödingen“, Siegburg 1993

Dahmen, Stefan: „Maria im Erzbistum Köln“, Kehl 2005

Dehio, Georg: „Handbuch der deutschen Kunstdenkmäler, Rheinland-Pfalz, Saarland“; München 1984

Euskirchen, Claudia:“Kloster Nonnenwerth“, Köln 2000

Festausschuss Gemeinde Neustadt Wied: „1229-1929 – 700 Jahre Neustadt-Wied“, Neustadt-Wied 1929

Gaede, Peter-Matthias (Hrsg.): „Deutschland im Mittelalter“, GEO-Epoche, das Magazin für Geschichte, Kaiser-Ritter-Hanse, Hamburg 2007

Gensicke, Hellmuth: „Landesgeschichte des Westerwaldes“, Wiesbaden 1999

Girnstein, Paul: „Altenwied und sein Umfeld bis zum 14. Jahrhundert“, Asbach 2007

Goerz, Adam: „Mittelrheinische Regesten oder chronologische Zusammenstellung des Quellen-Materials für die Geschichte der Territorien der beiden Regierungsbezirke Coblenz und Trier in kurzen Auszügen, T. 1 vom Jahre 509 bis 1152", Koblenz 1876

Groten, Manfred; Johanek, Peter; Reininghaus, Wilfried; Wensky, Margret: „Handbuch der Historischen Stätten – Nordrhein-Westfalen", Stuttgart 2006

Hardt, Albert: „Im Wiedischen Land", Neuwied 1989

Hardt, Albert: „Im Lande der Neuerburg an der Wied", Neuwied 1988

Hardt, Albert: „Vom Holzbach zur Wied", Neuwied 1992

Heyen, Franz-Josef: „Der Mittelrhein im Mittelalter", Hachenburg 1988

Holdt, Ulrike: „Die Entwicklung des Territoriums Berg (Geschichtlicher Atlas der Rheinlande; Beiheft V/16), Bonn 2008

Hoppe, Wolfgang: „100 Jahre Klosterkirche St. Josef Hausen an der Wied", Hausen 2006

Janssen, Wilhelm: „Die Entwicklung des Territoriums Kurköln: Rheinisches Erzstift (Geschichtlicher Atlas der Rheinlande; Beiheft V /14-15), Bonn 2008

Königs, Karl: „Schwarzrheindorf", Bonn 1999

Knipping, Richard (Hrsg.): „Regesten der Erzbischöfe von Köln im Mittelalter für die Zeit von den Anfängen bis 1414", Bd. 1 und 2, Bonn 1901

Kohlhammer, Katja (Hrsg.): „Die heilige Landgräfin Elisabeth im Dienst der Armen" in: Damals, das Magazin für Geschichte und Kultur; Band 7; Leinfelder-Echterdingen 2007

KORTE-BÖGER, Andrea: „Oben auf dem Berg; Die Geschichte des Michaelsberges und der Abtei in Siegburg", Siegburg 2008

Kramer, Julius: „Kirche und Pfarre St. Laurentius Asbach"; Asbach 1951

Kreisverwaltung Neuwied (Hrsg.): „Heimatbücher der Jahrgänge 1925 bis 2008 (Unterbrechung von 1944- 1949), Neuwied

Krüger, Hans-Jürgen: „Das Fürstliche Haus Wied, Grafen zu Isenburg, Herren zu Runkel und Neuerburg; Werl 2005

Lind, Elli: „Die Freiherren von Rennenberg", Köln 1968

Lind, Elli: „Geschichtschronik von Vettelschoß und seinen Ortsteilen“, Rheinbreitbach 1987

Löhr, Hermann-Joseph: „Facetten evangelischer Kirchengeschichte in Waldbreitbach 1844-2009“, Waldbreitbach 2009

Löhr, Hermann-Joseph: „Geheimnisvolle Burgen links und rechts des unteren Mittelrheins, vom Drachenfels bis Engers“, Asbach 2008

Meinhardt, Albert: „1653-1953- 300 Jahre Neuwied“, Neuwied 1953

Nesselrode, Gräfin Leonie von: „Die Chorfenster von Ehrenstein“, Köln 2008

Neu, Heinrich/Weigert: „Die Kunstdenkmäler des Kreises Neuwied. Mit Beiträgen von Karl Heinz Wagner“, Düsseldorf 1940

Ortsgemeinde Asbach (Hrsg.): „Asbach Westerwald“, Asbach 1990

Ortsgemeinde Neustadt/Wied (Hrsg.): „Neustadt/Wied, Heimat im Wandel der Jahrhunderte“, Siegburg 1985

Ortsgem. Ockenfels (Hrsg.).: „Chronik Ockenfels“, Rheinbach 2007

Ortsgemeinde Roßbach (Hrsg.): „Roßbach, ein Blick zurück“, Horb am Neckar 2007

Pasch van de, A.: „Ehrenstein“, Köln 1960

Pfarramt St. Georg Hammerstein: „Hammerstein einst und jetzt“, Andernach 1983

Pfarrgemeinde Ehrenstein: „Ehrenstein 1477-1977“, Asbach 1977

Pfarrgemeinde St. Adelheid: „100 Jahre Pützchen 1906-2006“; Bonn 2006

Pfarramt St. Adelheid: „Wallfahrt zu Ehren der Heiligen Adelheid“, Bonn 2004

Piesik, Heinz: „Vita Adelheidis – das Leben der Hl. Adelheid von Vilich“; Bonn 2003

Preißing, Heinz: „Spuren alter Geschichte – Archäologie im Kreis Neuwied“, Horb am Neckar 1985

Renard, Edmund: „Die Kunstdenkmäler des Siegkreises“, in der Reih: „Die Kunstdenkmäler der Rheinprovinz Bd. V“; Düsseldorf 1907

Reufels, Matthias: „Neustadt“, Asbach 1908

Rheinischer Verein für Denkmalpflege und Heimatschutz (Hrsg.): „Linz“, Bonn 1940

Rings, Anton: „Lorenz, Totnan Seehuber“, Linz 1991

Rings, Anton; Willscheid, Robert: „Dattenberg, ein Heimatbuch“, Köln 1991

Rings, Anton; Rings, Anita: „Ein Stadtbild im Wandel“, Hachenburg 1993

Rings, Anton; Rings, Anita: „Häuser und Menschen in Linz“, Rheinbreitbach 2002

Rooijen, Henri van : „Liebfrauenthal zu Ehrenstein“, Siegburg 1979

Schaefer, Hansfried: „Broele Trans Rhenum, Rheinbrohl im Wandel der Zeit“, Neuwied 1972

Schaefer, Hansfried: „Die Gertrudenkirche“, Rheinbrohl 2007

Schäfer, Josef: „Geschichte des Asbacher Landes“, Asbach 1980

Schmitz, Adalbert N.: „Rund um den Hummelsberg“, Bad Driburg o. J. (1980?)

Schug (Pfarrer), o. Vorname: „Dekanat Engers“, Neuwied 1950

Schunicht-Rawe, Anne; Pauly, Stephan: „St. Peter in Sinzig“, Köln 2004

Stadt Dierdorf (Hrsg.): „Dierdorf ... ziemlich weit vorn im Westerwald, 650 Jahre Stadt“, Rengsdorf 2007

Strauß, Heiner: „St.Katharinen, ein Fest- und Heimatbuch“, Asbach 2001

Strauß, Heiner; Rings, Karl Josef: „750 Jahre St. Katharinen (1238-1988)“, Waldbreitbach 1988

Tullius, Wilhelm: „Die wechselvolle Geschichte des Hauses Wied“, Neuwied 2003

Verkehrsverein Waldbreitbach (Hrsg.): „Waldbreitbach, 10 Jahrzehnte“, Waldbreitbach 1992

Voigtländer, Dorothea FG.: „Geschichte und Geschichten vom Rhein“, Bad Honnef 1990

Weiler Jakob: „Bad Hönningen, Chronik einer jungen Stadt 1019-1969“, Koblenz 1969

Wiegard, Fritz; u. a.: „Unsere Heimat im Wandel“, Hefte I – III, Neuwied 1965

Woelki, Paul: „Wallfahrt zum heiligen Judas Thaddäus Heisterbacherrott“, Bonn o. J.